# 日本人の９割が信じてる大間違いな常識

ホームライフ取材班〔編〕



青春新書
PLAYBOOKS

# 「常識」と信じているその習慣、じつは大間違い！

そんなの常識。やってはいけないのは当たり前。多くの人がこう信じている習慣のなかには、じつは大きな誤解やカン違いがよくある。いくつか例をあげてみよう。

二度寝をすると寝起きが悪くなる。貧乏ゆすりは格好悪いのでしない。むくみやすいので水分を控える。予防接種を受けた日は風呂に入ってはいけない。エアコンをつけていれば換気は必要ない。暗いところで本を読むと目が悪くなる。牛乳はジュースと違って飲む前にパックを振らない。揚げ油は酸化するので使い回しはちょっとだけ。ウナギと梅干をいっしょに食べるとおなかが痛くなるのでＮＧ……。

いまあげたことは「常識」と思っている人が多いだろう。しかし、いずれも誤りやカン違い、あるいはすでに否定されている昔の〝常識〟なのだ。本書ではよくある暮らしのシーンから、こうした意外な大間違いを多数ピックアップ。ダメな理由を解説し、正しい方法を紹介している。手元に一冊おいて、日々の生活のなかに、本当に役立つ「常識」を取り入れていただければ幸いだ。

日本人の9割が信じてる 大間違いな常識

## 意外にもほどがある！ 大間違いな常識

## 体にまつわる 大間違いな常識



## 健康に関する 大間違いな常識

## 食べ方で損する 大間違いな常識



## 料理がまずくなる 大間違いな常識

## 暮らしに潜む 大間違いな常識

## 家事でよくある 大間違いな常識

## 保存の際にやりがちな 大間違いな常識



## マナーで恥をかく 大間違いな常識

本文デザイン　青木佐和子／本文イラスト　まつむらあきひろ／編集協力　編集工房リテラ（田中浩之）

# 意外にもほどがある！
# 大間違いな常識

よくあるＮＧ習慣のなかでも、
意外にもほどがあるレベルの
大間違いをピックアップ。
こんなことを「常識」だと
信じ続けていると大変だ！

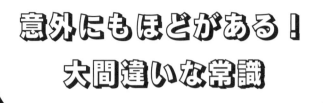

エアコン

# オンにしていれば換気は必要ない

うちはいつもエアコンをつけているから、換気は万全。こう信じている人は、稼働中は常に空気が入れ替わっているので、とくに換気はしなくても問題ないと思っているのだろう。しかし、この考えは誤り。室内で無数の汚染物質がふわふわ漂い続け、アレルギーや感染症の温床になるかもしれない。

誤解している人が非常に多いのだが、ほとんどのエアコンに換気の機能はない。冷房なら室内の温かい空気を取り込み、熱交換器で冷たくして送り返すメカニズムになっている。暖房の場合はこの逆だ。

こうした仕組みなので、エアコンを何時間つけっ放しにしていても、空気はまったく入れ替わらない。空気はいつまでたってもクリーンにならず、アレルゲンやウイルスなどの汚染物質が存在し続ける可能性がある。

このため、エアコンをつけるときは、ときどき換気を心がけなければならない。窓を開けて換気をする場合は、1回の時間よりも頻度が大切だ。1時間のうちに窓を10分開けるよりも、5分の換気を2回に分けて行うほうが、より効率良く空気を入れ替えることができる。

できれば、窓は1か所ではなく、2か所開けるようにしよう。ベストな換気の仕方は、対角線上にある窓を2つ開けることだ。空気の通り道ができるので、換気の効率は一層アップする。

なお、2003年7月以降に建てられたマンションや住宅では、24時間換気システムが備わっている。室内の空気をゆっくり換気する仕組みで、だいたい1時間で半分の空気が入れ替わる仕組みになっている。

だが、音がややうるさい、温度差の大きな外気が始終入ってくる、虫が浸入する場合がある、といった理由からシステムをオフにしているケースが少なくない。稼働させるか、オフのままで換気を心がけるか、いずれかの方法を取るようにしよう。

**室内の空気を循環させるだけなので、換気が必要！**

エアコン

# 換気をするときは切っておく

エアコンをつけていても換気はできないので、ときどき、窓を開けるなどして空気の入れ替えをすることが大切。では、こうした換気のとき、エアコンは消したほうがいいのか、それともつけっ放しが正解なのか。

電気代がもったいないと、エアコンを消してから換気をする人も多いだろうが、次からはつけっ放しにしよう。オフにして換気をすると、夏なら室内の温度が上がって、冬には下がる。こうした状態でエアコンをつけると、つけっ放しにするよりも、電気代が余計にかかってしまうのだ。換気の際には、エアコンからできるだけ遠い窓を開けるようにしよう。そのほうがエアコンの負担が小さく、温かい空気を急激に冷やすときに生じやすい内部結露を防ぐこともできる。

**つけっ放しで換気するほうが節電になる！**

読書

# 暗いところで本を読むと、目が悪くなる

子どものころ、暗いところで本やマンガを読んでいて、「目が悪くなるからやめなさい」と注意されたことはないだろうか。近視を引き起こす重要なNG習慣だと広く信じられているようだが、じつは直接的な関係はない。近視が進む原因としては、遺伝的な要因に加えて、近くを長時間見続けることが大きいとされている。暗いところで読書をすること自体は、視力低下の原因ではないのだ。

ただし、暗いなかで目のピントを合わせるには、瞳孔（黒目）を大きくして、少ない光を効果的に取り入れなければならない。このため、瞳孔を動かす筋肉が緊張して、眼精疲労を起こしやすくなるのは確か。近視の直接的な原因にはならないものの、暗い場所での長時間の読書は避けたほうがいいだろう。

**視力低下とは無関係だが、目が疲れやすいのは確か**

貧乏ゆすり

# 印象の悪いクセなのでやらない

会議のとき、隣に座っている上司や同僚のひざがカクカク動いていたら、イヤな気持ちになってイライラしてしまう。残念なマナーの代表とされる貧乏ゆすり。決してやらないようにと、多くの人は普段から気をつけているだろう。

しかし、近年の研究によって、貧乏ゆすりには意外な効果があることがわかってきた。絶対に遠ざけるべき悪いクセではないのだ。

じつは貧乏ゆすりをすると、セロトニンという物質が多く分泌されるという説が有力になっている。セロトニンは脳の神経伝達物質のひとつで、別名を「幸せホルモン」という。脳内で分泌が増えると、心が安らいだり、イライラを解消したりするなど、精神を安定させる効果がある。逆に不足するとストレスがたまりやすく、睡眠障害やうつの原因にもなるという重要な物質だ。

セロトニンはダンスやウォーキング、自転車こぎなど、一定のリズムを刻む運動をすると分泌が増えることがわかっている。貧乏ゆすりは、まさにこのリズム運動。ひざを小刻みに動かすうちに、脳内ではセロトニンの分泌が盛んに行われ、幸せな気分に導かれるというわけだ。

貧乏ゆすりのメリットはこれだけではない。ふくらはぎの血流が良くなることから、足のむくみの改善、エコノミークラス症候群の予防といった効果も期待できる。これからは周りに知られないように注意しつつ、ときどき貧乏ゆすりをしてみよう。

**セロトニンが分泌されて幸せな気分になる！**

二度寝

# 気持ちいいけど、体のリズムが乱れる

朝の二度寝は幸せな気分になれるけれど、体のリズムが乱れるのでやってはいけない。こう思う人は多いだろうが、じつはほんの短時間なら大きなメリットがある。

二度寝をすると幸せ気分に包まれるのは、脳がリラックスしてエンドルフィンという神経伝達物質が分泌されるからだ。エンドルフィンは「脳内麻薬」ともいわれるホルモンで、うつらうつらしている間に、心と体の緊張を和らげてくれる。また、目覚める1～2時間前から、コルチゾールという抗ストレスホルモンも分泌。二度寝すると、その分泌が一層増えて、ストレスへの抵抗力が強化されることがわかっている。

じつは心身に良い影響を与える二度寝だが、ほんの数分だけにとどめるのがコツだ。10分も寝ると、逆に頭がぼ～っとして寝覚めが悪くなってしまう。

**短時間ならOK。「脳内麻薬」や抗ストレスホルモンが分泌**

朝の目覚め

# 目が覚めたら、布団の中でだらだらしない

朝、目覚めたら、すぐに起きて1日の活動をスタート。布団の中でだらだらするのはだらしない。こうした習慣には拍手を送りたいが、朝の血圧が高い人は別だ。

血圧は通常、眠っている間は低く、目覚めてから少しずつ高くなっていく。ところが、なかには朝の起き抜けに血圧が急上昇するタイプがある。この「早朝高血圧」の人は、起床後すぐに体を動かしてはいけない。昼間優位になる交感神経が急に活性化し、血圧が一層上がって、脳卒中や心筋梗塞を引き起こす恐れがあるのだ。

血圧は数値だけでなく、いつ高くなるのかを知っておこう。早朝高血圧の場合は、起床後、布団の中でだらだらすること。車でいえばアイドリングの状態を10分程度続け、体を徐々に慣らしてから、ゆっくり起きるようにしよう。

**早朝高血圧の人は血圧が急上昇して危険！**

ぼんやりする

# ぼ〜っとしている時間はもったいない

ぼんやりしている時間はまったくのムダ。仕事はもちろん、運動や読書、趣味など、常に何かをしていないと気が済まない。こういった人は、ぼ〜っとする時間がいかに大切なのかを知らないのだろう。

ただ何も考えないで、ぼんやりするのは全然ムダではない。こうしたときこそ、脳が盛んに働くようになっているからだ。

人間は毎日、目や耳、鼻、口、皮膚などを使い、五感によってとてつもない量の情報を入手している。いかに人間の脳が優秀であっても、それらをそのまま脳内でキープするわけにはいかない。

そこで、経験したことのなかで何を記憶しておくのか、どういったことを捨て去るのかという作業が日々必要になる。その重要な働きが行われるのが、ぼんやりしているときなのだ。

ぼ～っとして何も考えていないようなとき、じつはある意味、脳はフル回転している。忘れてはならないものをピックアップし、必要なときに思い出しやすい場所に仕舞うなど、複雑な作業を猛スピードで行っているのだ。

このような脳の働きからいって、ぼ～っとする時間を意識的に作り出すことが大切だ。とはいえ、こうした時間はムダだと思う人は、日ごろ、ぼんやりすることに慣れておらず、具体的にどうしたらいいのか戸惑うかもしれない。

そういった人には、簡単な家事をすることをおすすめする。例えば、食器洗いをしてみよう。難しくないシンプルな単純作業なので、行っている間、ほとんど何も考えないでできる。その間、脳は情報処理にいそしむはずだ。

やってはいけないのは、スマホを見ながら休むこと。ぼんやりするどころか、膨大な情報量を取り込み続けることになる。逆に脳が疲れてしまうので、ぼ～っとしたいときにはスマホを手にしないようにしよう。

**脳が記憶を整理するのは、ぼんやりしている時間！**

食べ合わせ

# ウナギと梅干しを一緒に食べると腹をこわす

相性の悪い「食べ合わせ」といわれるものがある。その代表がウナギと梅干し。一緒に食べると体に悪いとされているが、じつは理想的な組み合わせといっていい。

ウナギは非常に脂の多い魚で、胃の負担は小さくない。そこで、クエン酸がたっぷり含まれている梅干しの出番。独特の酸っぱさが胃酸の分泌を促し、脂っぽいウナギの消化を助けてくれるのだ。

ウナギと梅干しを一緒に食べると、うれしい相乗効果もある。ウナギに豊富なビタミンB1と、梅干しに多いクエン酸は、ともに疲労を回復させる効果が大きいからだ。ウナギがよく出回るのは、夏バテで疲れやすい時期。梅干しも一緒に食べることによって、一層のスタミナアップを図ることができる。

この食べ合わせが良くないとされたのは、脂っぽさと酸っぱさがぶつかり合って、消化が悪くなると考えられたからだろう。また、梅干しの酸味が食欲を刺激することにより、高価なウナギを食べ過ぎないようにという戒《いまし》めも込められていたようだ。

　食べ合わせではほかに、天ぷらとスイカも良くないとされる。天ぷらは脂質が多く、消化が良くない。それなのに水分たっぷりのスイカを一緒に食べると、胃腸が冷えて働きが悪くなり、胃酸も薄まるのでさらに消化が悪くなる、という考え方だろう。ウナギと梅干しの食べ合わせとは違って理屈が通っている。天ぷらを食べるときは、デザートで冷たいスイカは避けたほうが良さそうだ。

## 消化を促し、夏バテも防止するので相性抜群！

梅ぼし子さん!!
うなぎ田さーん!!
CINEMA
引き裂かれた恋
大ヒット上映中!
せつない映画だったわ…
ぼくらの誤解なんだよね…

薬

# お茶で薬を飲んではいけない

お茶で薬を飲むと、効き目が悪くなる。これは薬を服用するときの〝常識〟ともいえる決め事で、いまもしっかり守っている人が多いだろう。しかし、多くの場合、薬はお茶で飲んでも全然問題はない。

お茶で薬を飲んではいけないといわれていたのは、苦みや渋みのもとであるタンニン（カテキン）の作用によって、薬の成分の吸収を妨げるとされてきたからだ。とくに貧血治療用の鉄剤はNGといわれていた。けれども、いまではタンニンが吸収を阻害することはほとんどないとされている。多くの薬はお茶で飲んでもOKなのだ。ただし、ぜんそく治療薬のなかには、お茶のカフェインの作用によって頭痛などを起こす可能性があるものも含まれている。薬を処方されたとき、薬局で確認しておこう。

**タンニンの影響はほとんどなく、基本的にOK**

## 刺身

# うま味が逃げるから、水で洗ってはいけない

まるのままの魚は流水で洗うと、淡水に弱い食中毒菌を退治できる。しかし、刺身はうま味が流れ出るので、流水で洗うなんてとんでもない。こう思う人が大半だろう。だが、本当にうまい刺身を食べたいのなら、切り分ける前のサクを洗うことをおすすめする。これは水を当てることによって、魚の臭みのもとであるトリメチルアミンを洗い流すためだ。トリメチルアミンは水に溶けやすい物質なので、ちょっと洗うだけで、臭みをぐっと抑えることができる。

ただし、流水に当てるのは3秒まで。これ以上洗うと、うま味も失ってしまう。また、1~2秒にとどめると、トリメチルアミンを洗い流すことができない。洗ったらペーパータオルで水気をしっかり拭き取ってから、切り分けよう。

**サクは流水に3秒当てて、臭みの成分を洗い流す**

ビール

# 太りやすいからほかの酒を飲む

「ビール腹」という言葉が象徴するように、ビールは太りやすいアルコール類の代表だと広く信じられている。ここから、酒は好きだけれど、体重を増やしたくないのでビール以外のものを飲む、という人も少なくない。しかし、ビールを飲むと太りやすいというのは明らかな誤解だ。悪者扱いをして、ことさら避ける必要はない。

ビールが太りやすいと思われている理由のひとつは、糖質が含まれているからだろう。確かに、ウイスキーや焼酎などの蒸留酒は糖質ゼロのドリンク類だが、醸造酒であるビールには糖質が含まれている。けれども、その量はわずかなものだ。

100gのビールに含まれている糖質は、ラガーなどの一般的なタイプで3・1g、ややカロリー多めの黒ビールでも3・6gでしかない。350㎖入りの缶ビール1本を飲んでも、摂取する糖質はたった10g余りなのだ。一方、ご飯をお茶碗1杯食べるだけで、約55gもの糖質を摂取する。これと同じ程度の糖質量をビールから摂るには、缶ビールを5本ほど飲まなければいけない。ビールに含まれている糖質は、どうしても避けなければいけないレベルの量ではないことがわかるだろう。

では、カロリーの面ではどうか。じつはアルコールは吸収が早くて、含まれるカロリーは熱となってすぐに放出され、脂肪となって残りにくいという特徴がある。ちなみに、100g中に含まれているカロリーを比較すると、ビールが40kcalなのに対して、ワインは73kcal、純米酒は103kcal、焼酎（乙類）は146kcal。ビールはアルコール度数が低いので、ほかのアルコール類のほうがずっと高カロリーだ。

しかし、実際、ビールを飲むと太るんだけど……。こう思う人は、つまみに問題があるのだろう。ビールに合うつまみには、ソーセージや揚げ物、ピザなど、カロリーが高くて太りやすい料理が多い。しかも、炭酸が胃を刺激して食欲が増し、ほかの酒を飲むとき以上につまみを食べがちだ。つまみの種類と量に注意すれば、好きなビールをやめて、ほかのアルコール類に替える必要はない。

## 含まれる糖質はわずか。太る原因はビールではない

煮干し

# 頭とワタを取り除いてからだしを取る

煮干しでだしを取るときは、頭とワタを取り除いてから水につけるのが正しい手順。ほとんどのレシピにこう書かれているが、いかにも煮干しのだしらしい、しっかりした風味が好みなら、別の方法を試してみよう。

魚好きの人におすすめするのは、ワタを取り除くだけの方法。頭はほとんどが骨なので、取り除く必要はない。魚のアラからいいだしが取れるのと同じ理屈で、煮干しも頭つきなら味わいが一層濃厚になるからだ。一方、ワタをつけたままだと、苦みや生臭さが混じってしまうので、取り除いたほうがいい。

ワタだけを取り除いた煮干しは、水にひと晩つけておこう。こうするだけで、すっきりして、しかもコクの深いだしが取れる。

**頭からいいだしが出るので取り除かない**

チョコレート

# 食べるとニキビができやすい

チョコレートを食べるとニキビができる。思春期に聞いたこの説を何10年も信じ続け、いまも避けている人はいないだろうか。

結論からいえば、カカオ分が70％以上の高カカオチョコレートなら、多くの場合、ニキビの原因になることはない。ニキビのできやすい男性が習慣的に食べると、悪化を促進させるという研究もあるが、一般的には問題はないと思っていいだろう。高カカオチョコレートには抗酸化作用の高いポリフェノールが多く含まれているので、食べ過ぎなければ健康に対する効果も期待できそうだ。

しかし、糖質や脂質がたっぷり含まれており、カカオ分が低いタイプのチョコレートは要注意だ。食べるとニキビを悪化させるという報告もある。

**高カカオチョコならニキビの原因にはならない！**

ワサビ

# 刺身を食べるときに醤油に溶かすのは不作法

ワサビは醤油に溶かさず、刺身に直接つけて食べるのが作法だともいわれる。とはいえ、醤油に溶かして食べるほうが好きだという人も多いだろう。

ここでは作法ではなく、味わいの点から良し悪しを考えてみよう。ワサビの辛みは揮発性なのが特徴で、時間がたつとどんどん失われていく。非常に繊細な成分なので、醤油に溶かすだけでも本来の辛さが少なくなってしまう。これに対して、一般的に使われるチューブ入りのワサビは、じつは油を混ぜて成分を安定させている。このため醤油に溶かしても、ワサビならではの風味はある程度保たれるのだ。

結論として、本物のワサビはやはり醤油に溶かさないで、本来の風味を楽しみたい。一方、チューブ入りは醤油に溶かしても、刺身の味を損なうことはないだろう。

**本ワサビは香りが失われるが、チューブ入りならOK**

## ミョウガ

# 物忘れの原因になるので食べ過ぎない

ミョウガは好きだけど、物忘れが多くなるのであまり食べない。こういった人は、ムダな我慢をしていたことになる。この俗説は釈迦の弟子の1人、周利槃特《しゅりはんどく》にまつわる逸話がルーツ。槃特は釈迦の教えをよく守ったものの、物忘れがひどいことで知られていた。その死後、墓からミョウガが生えてきたことから、ミョウガを食べると物忘れをするといわれるようになったという。もちろん、根拠のない伝説だ。

ミョウガと物忘れの関係はまったく逆。独特の香りには脳を活性化し、集中力を高める効果のあるα-ピネンという精油成分が含まれている。物忘れを促すどころか、記録力を良くする働きがある、といってもいいだろう。α-ピネンは加熱すると効能が弱まるので、生のまま刻んで薬味にして食べよう。

**まったく逆で、ミョウガには記憶力を高める成分が！**

エレベーター

# 降りる階のボタンを押し間違えたらあきらめる

エレベーターに乗って、降りたい階のボタンを押す。しかし、間違えてしまった！キャンセルはできないので、同乗している人からの冷たい視線を感じながら、降りる階まで身を縮めている……。こうした経験をした人は多いだろうが、次に間違えたときはあきらめないようにしよう。打てる手はあるからだ。

メーカーによって、ボタンの押し間違いをキャンセルする仕方は違う。最も多い取り消し方法は2回押しで、押し間違えたボタンを2回続けて押すとキャンセルできる。ドアが閉まっていると無効な場合もあるので、いったん開けてからの2回押しも試してみたい。まだダメなら、長押しでキャンセルできる機種もあるのでトライしよう。それでもできない場合は、潔くあきらめたほうが良さそうだ。

「2回押し」「長押し」などでキャンセルできるかも！

# 体にまつわる
# 大間違いな常識

歯ブラシの毛が軟らかいのはダメ。
冬の食器洗いは当然お湯。
日焼け止めは暑い季節だけ。
こうした逆効果な習慣は
そろそろ捨てるときが来た！

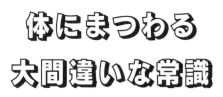

歯磨き

# 軟らかい歯ブラシでは汚れが落ちない

軟らかい歯ブラシで歯磨きをしても、汚れが落ちる気がしない。歯ブラシは硬めのものに限る。こう考える人は男性に多いようだ。しかし、硬い歯ブラシでゴシゴシこするのは、歯ぐきが傷んだり、歯の表面が削れたりする恐れがあるのでNG。傷から細菌が侵入し、歯周病や虫歯になる危険性も高まってしまう。

硬い歯ブラシは、毛束の脇腹を使って、歯周病が進行した人の歯ぐきをマッサージするのには向いている。そうではない人が歯ブラシを買うときは、普通の硬さか軟らかめのものを選ぶほうがいい。軟らかい歯ブラシでは歯の汚れが取れないと思うかもしれないが、落としたいのは固くこびりついた歯石ではなく、ネバネバした歯垢。軟らかい歯ブラシを使っても、十分落とすことができる。

**硬い歯ブラシでこすると、歯ぐきや歯にダメージが！**

体毛

# 剃ると余計に濃くなってしまう

すね毛が濃いのが悩みの種。カミソリなどで剃ればツルツルになるけれど、その刺激で一層濃くなるのでできない……。毛深さに悩みつつ、かといって処理もできない人に明るい話をお届けしよう。すね毛は剃れば剃るほど濃くなっていくというのは、根拠のない迷信だ。

毛は根元部分が最も太く、毛先に向かうにしたがって細くなっていく。毛を剃ると、根元の太い断面だけが残り、そこから伸びていくので、一見、濃くなったように見えるだけなのだ。

カミソリを当てた刺激によって、毛が太くなったり密度が濃くなったりすることはない。すね毛が気になるのなら、安心して処理しよう。

**太い断面が残るので、濃くなったように見えるだけ**

ヘアブラシ

# 髪が傷むので使わない

近ごろ、薄毛が少々気になってきた。髪をセットするとき、ブラシを使うと刺激が強過ぎて傷んでしまう気がする。そこで、手ぐしで簡単に髪を整えたらおしまい。こういった習慣のある人は、髪が受けるストレスがなおさら強くなってしまう。

髪を健康に保つには、表面にあるウロコのようなキューティクルを閉じて、内部の水分やたんぱく質が失われるのを防ぐことが大切だ。しかし、手ぐしで髪をざっくり整えるだけでは、キューティクルを閉じさせることができない。その結果、髪が傷んだり、抜け毛ができやすくなったりしてしまうのだ。

髪のためには手ぐしではなく、目の細かいブラシを使うのが正解。優しくなでるとキューティクルが閉じ、髪は潤いを保つことができる。

**手ぐしではキューティクルが閉じない！**

食器洗い

# 冷たい水で洗うと手荒れする

寒い季節は肌が荒れやすい。食器洗いをするときも、冷たい水だと手荒れをしてしまうので、必ずお湯を使って肌を守るようにしている。さて、このケアの仕方は正しいだろうか。

冷たい水よりも、お湯のほうが肌に優しいと思えるかもしれないが、まったく逆。油汚れが熱いお湯で流れるように、皮膚の表面を覆う脂質が失われてしまう。その結果、肌を守るバリアが取り除かれて、手荒れをしやすくなってしまうのだ。

どうしても冬に冷たい水を使うのがイヤなら、お湯の温度設定を35℃あたりまで下げ、肌のダメージの少ないぬるま湯で食器洗いをしよう。この程度の温度のお湯なら、皮脂を洗い流す作用はさほど強くない。

**お湯を使うと手荒れが悪化！ せいぜいぬるま湯で**

日焼け

# 冬に紫外線対策は必要ない

日差しの強い季節になると、外出時にUVケアが欠かせない。日焼け止めをしっかり塗り、肌をガードしてからでないと出かけない人は多いだろう。しかし、そういったケアも、焼けつくような太陽光線が降り注ぐ季節のみ。日差しの弱い冬なら、肌を日光にさらしても平気な人がいるのではないか。

確かに冬の紫外線量は夏に比べると少ないが、ごくわずかというわけではない。紫外線のなかでも、表皮を突き抜けて真皮にまで悪影響を及ぼす「UV-A」は、冬になっても夏の半分ほどの強さがある。また、皮膚炎や皮膚ガンの原因になる厄介な紫外線「UV-B」も、夏の3分の1から4分の1程度の量が降り注ぐ。

冬は太陽の位置が低く、日差しが斜めの角度で当たるようになるのも問題だ。夏は真上近くから日光が降り注ぐので、顔のなかでも陰になる部分がある。これに対して、冬は顔全体に紫外線を浴びてしまうことが多いのだ。

しかも、冬は湿度が低いことから、皮膚の表面が乾燥しがちになる。このため、皮膚をガードするバリア機能が低下し、夏の日差しと変わらないほどのダメージを受けることになりかねない。

紫外線については、地面から反射される量も無視できない。とくに問題となるのは雪が降ったとき。「スキー焼け」という言葉があるように、雪は紫外線の約80％を反射するので、上からも下からも肌を攻撃されることになる。

普段、あまり雪が降らない地域では、こうした紫外線の反射についてはよく知らない人も多いだろう。雪が積もって何だかうれしくなり、UVケアをしないで必要以上に出歩いていると、思わぬ日焼けをする可能性がある。

太陽光線によって肌の健康が損なわれるのは、一般的に日差しが強いと思われている時期だけではない。季節に関係なく、日焼け止めを塗るといったUVケアを忘れないようにしよう。

### ケアしないと、皮膚の健康を損なう恐れが！

# 日焼け止めを塗れば帽子はいらない

紫外線は肌の大敵。そこで、外出時には日焼け止めを塗り、そのうえで日傘も差して、しっかりガードする女性は少なくない。

けれども、男性でそこまでする人はなかなかいない。顔にこそ日焼け止めを塗ったとしても、日傘はもちろん、帽子もかぶらないで出かける人がほとんどだろう。だが、こうした外出をすると、太陽光線で頭皮をじりじり焼かれ続けてしまう。これが薄毛の原因になるかもしれないことを知っているだろうか。

顔は日焼け止めでガードしても、頭は無防備。こうした習慣がつくと、紫外線によって頭皮の細胞やＤＮＡがダメージを受け、髪の発育に欠かせない毛母細胞が傷つく可能性がある。その結果、薄毛や抜け毛を引き起こすかもしれないのだ。ましてや、すでに髪が薄毛気味だった場合、頭皮は直射日光の直撃をもろに受け、ダメージはさらに大きくなってしまう。

頭を紫外線にさらす状態で外出するのは、頭皮にも毛根にも良くない。オゾン層の破壊が懸念される時代、外出時に帽子をかぶるのは、男のたしなみといえるかもしれない。ただ、気になるのは、帽子自体が薄毛の原因になるという説だ。

帽子が薄毛につながるという科学的な根拠はない。とはいえ、暑いなかで帽子をかぶり続けると、頭皮が蒸れて髪の発育に悪影響を与える可能性も捨てきれない。日陰や車内などでは帽子を脱ぎ、蒸らさないほうがいいだろう。

**頭皮がダメージを受けて薄毛が進むかも！**

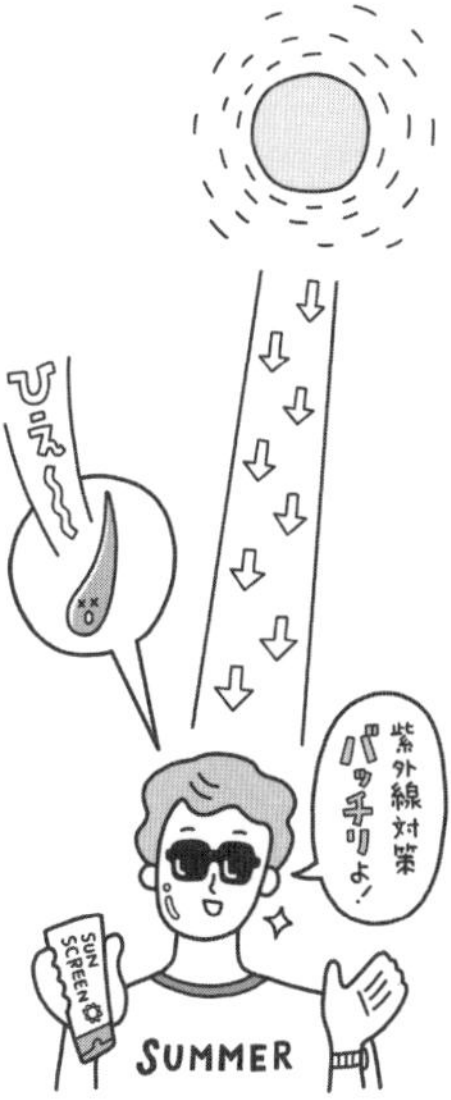

子どもの外遊び

# 紫外線が怖いので外遊びはさせない

近年、幼稚園児がかぶる帽子は、直射日光から首を守るため、後ろ側にビラビラした布が垂れ下がっているタイプが主流になっている。紫外線の悪影響が懸念されるなか、子どもにはできるだけ外遊びをさせない親もいるようだ。

外に出ないと、確かに紫外線を防ぐことはできるだろう。しかし、別の弊害が気になるところだ。じつは最近、屋内にばかりいると近視になりやすいという説が注目されており、子どもには外遊びをさせるべきだという声が高まっている。

子どもの近視と外遊びの関係を調べた研究は多い。アメリカで6～14歳の子ども500人余りを追跡調査した研究では、屋外活動時間が週14時間を超えていると、両親がともに近視の場合でも、子どもが近視になる割合が低いという結果が出た。

また、オーストラリアの12歳児2300人余りを対象にした調査では、屋外活動時間が長ければ、近くを見る勉強やコンピューター作業などを長時間行っても、近視になりにくかったという。

近視は遺伝や悪い環境因子が原因で発症する。いま紹介したふたつの研究では、これらのマイナス要因があっても、外遊びというプラス要因があれば打ち消せる可能性があることを示しているわけだ。屋内外にかかわらず運動自体が好影響を与えるのでは、という仮説も立てられるが、屋内での活動時間を長くしても、近視の発症率は低くならない。

こうした研究をもとに、子どもの近視が多くて困っていた台湾では、小学生に対して2011年から週150分、屋外での体育の授業を義務化した。この結果、当初は小学生の50%が視力0・8未満だったのが、2018年には44・8%にまで低下。確かな効果を上げたことになる。

結論として、紫外線の悪影響は頭に入れつつ、もっと外遊びをさせるほうが良さそうだ。とくに両親がともに近視の場合は、積極的に行うようにしてはどうだろう。

## 外遊びをしない子どもは近視になりやすい!

日焼け

# 家の中では日焼け止めは必要ない

肌のトラブルである日焼けは、日光が降り注ぐ屋外で起こるもの。家の中にいると、紫外線のダメージを受けることはないので、当然、日焼け止めなどしなくていい。こう考えていると、知らぬうちに肌が少しずつ老化していくかもしれない。

じつは窓ガラスやレースのカーテンを閉めていても、紫外線は入ってくる。大きな窓の近くで終日作業をする場合など、想像以上に紫外線の悪影響を受けてしまう。顔や腕などに日焼け止めを塗っておいたほうがいいだろう。

ただし、日焼け止めは肌に対する刺激があり、場合によっては肌荒れなどを起こす恐れがある。家の中で浴びる紫外線の量は屋外ほどではないので、日焼け止め効果を示すＰＡ値などが小さめのものを使うようにしよう。

**窓の近くにいることが多いなら、日焼け止めが必要**

# 健康に関する
# 大間違いな常識

その大間違いな「常識」を
信じて実行していると、
健康を損なってしまうかも!?
そうした非常にまずい
誤解やカン違いが大集合！

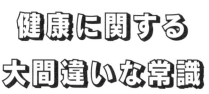

化学調味料

# 体に悪い添加物なので避ける

添加物はできるだけ摂りたくない！という人から避けられている代表が化学調味料。商品を手に取って食品表示欄をチェックし、使用されていることがわかると、すぐに棚に戻す人も多いだろう。

化学調味料と呼ばれていたのは随分昔の話だ。昭和30年代、ＮＨＫの料理番組でレシピを紹介するとき、実際の商品名を使えないためにこの名をつけられた。その後、昭和の終わりごろには「うま味調味料」と呼ばれるようになり、現在では食品表示欄に「調味料（アミノ酸）」と表示されている。

とはいえ、化学調味料という名のインパクトは強く、いまでもこう呼ぶ人は少なくない。この名称からは、いかにも化学的な製法で作られているように思えるが、実際にはどうなのだろう。

アミノ酸には20種類以上あるが、代表的な調味料として使われてきたのは主にグルタミン酸ナトリウム。昆布に含まれていることで知られるうま味成分だ。

食品メーカーでは、グルタミン酸ナトリウムをサトウキビの糖蜜などから作る。糖蜜に発酵菌を加えて発酵させ、できたものを結晶として分離。不純物を取り除いたあと、乾燥して商品にする。これは味噌や醤油、酒などを醸造するときと似たような工程。じつは基本的には発酵食品なのだ。

化学調味料が悪者扱いされるようになったのは、アメリカの研究者が１９６８年、中華料理を食べると顔がほてることがあるのはグルタミン酸ナトリウムが原因と発表し、広く報道されたのがきっかけだ。しかし、その後の研究で、このいわゆる「中華料理店症候群」とグルタミン酸ナトリウムには因果関係がないことが証明されている。いまでいう「フェイクニュース」だったのだ。

要するに、化学調味料は昆布だしとほぼ同じようなものと思っていい。大量に使って、料理の味を台無しにしない限りは問題ないだろう。

## じつは発酵食品で、昆布だしと同じようなもの

むくみ

# むくみやすいので水分を控える

足がむくんで、立ち仕事が辛い。こうした場合、むくみは体の中に水分をため込むのが原因だからと、対策として水を飲むのを控えるのはどうだろう。効果がありそうに思えるかもしれないが、むくみが一層激しくなる恐れもあるので注意が必要だ。

むくみにはさまざまな原因があり、そのひとつがじつは水分不足。体がそう判断した場合、水分をため込むように働き、むくみが生じることがあるからだ。普段の生活を思い起こし、水分不足が思い当たるようなら、1日に1ℓ以上の水を飲もう。体がもう水分をため込む必要はないと感じ、むくみが楽になる可能性がある。

ただし、アルコールやコーヒー、お茶など、利尿を促進するものは逆効果。水分補給にはならないので注意しよう。

**水分不足が原因のむくみなら逆効果！**

プリン体

# 痛風予防にプリン体が多いものは食べない

風が吹くだけで痛いとされる痛風。この怖い病気を引き起こす尿酸値を抑えるため、プリン体を多く含むレバーや白子、あん肝などは食べず、ビールも飲まないようにする。この痛風予防策は正しそうだが、残念ながら無駄骨に終わってしまうだろう。

じつは近年、食品で摂取するプリン体は、尿酸ができる原因の2割程度でしかなく、残りは肝臓で作られることがわかってきた。いまではこのメカニズムから、摂取する量を抑えるよりも、いかにスムーズに排せつするかが重要だとされている。

尿酸の排せつを促し、尿酸値を下げるには、痛風の大きな原因である肥満を解消することが第一だ。加えて、水をたっぷり飲む、野菜を多く食べるといったことも有効なので、尿酸値が気になる人は心がけるようにしよう。

**食品中のプリン体は、痛風の原因のたった2割！**

# 抱き癖がつくので、抱っこし過ぎない

赤ちゃんは信じられないほどよく泣くものだ。抱っこしたら泣きやむことが多いが、抱き癖がつくので抱き過ぎるのは良くないと昔からいわれている。泣いたら抱っこを繰り返すうちに、抱かないと泣きやまなくなるというわけだ。

正しい育児の方法と思う人は少なくないだろうが、いまではこの考え方は否定されることが多い。むしろ、赤ちゃんが泣いたら積極的に抱っこしたほうがいい、という育児法に変わっているのだ。

赤ちゃんが泣くのにはさまざまな理由がある。暑い、寒い、おなかがすいた、オムツが汚れたといった不快さだけではなく、ちょっとした刺激が加えられたり、寝ている姿勢が不安定になったりしただけでも不安を覚えて泣く。

赤ちゃんが抱っこされると泣きやむことが多いのは、親などの信頼できる人とのスキンシップによって安心するのが大きな理由だ。加えて、抱っこされている姿勢そのものが好きだとも考えられている。赤ちゃんの重心は大人よりも大分高くて、心臓あたりにある。抱っこされると、ちょうどその背後をしっかり支えられるので、重心が安定して安心するというわけだ。

抱っこされた赤ちゃんは、親の愛情を肌を通じて感じ取る。頭が親の胸のすぐ近くに位置することから、子宮の中でよく聞いていた心臓の鼓動を感じ、精神的に落ち着くともいわれている。

不安なときに抱っこされることで、親は自分を守ってくれる存在だと理解できることも大きい。この安心感があることにより、新しい経験にチャレンジする気持ちが芽生え、精神的な面で力強く成長していく。

抱っこは非常に重要な親と子のスキンシップであり、成長ホルモンの分泌や脳神経の発達も促すなど、メリットはたくさんあるのだ。赤ちゃんの健全な成長のために、抱き癖などという言葉にとらわれず、泣いたら抱っこしてあげるようにしよう。

## 抱っこは赤ちゃんにメリットしかない！

# 果糖が多いので太りやすい

果物にたっぷり含まれている果糖は、体内で脂肪に変わるので太りやすい。だから、果物はあまり食べてはいけない。こういわれることがあるが、本当に果物は肥満の原因になるのだろうか。

そもそも肥満の主な原因はご飯やパン、麺類などに多く含まれている糖質の取り過ぎにある。糖質が吸収されると、体内でブドウ糖に変化。糖質を大量に摂取すると、余ったブドウ糖が脂肪細胞に取り込まれ、太る原因になるというメカニズムだ。

しかし、果糖は吸収されたあと、体内でほとんどブドウ糖に変わらない。このため、果物を食べても直接的な肥満にはつながらないのだ。ただし、果糖には別の気になる点がある。肝臓に取り込まれて、一部が中性脂肪に変換されて貯蔵されることだ。果糖はブドウ糖に変換されないので、食べても血糖値が上がらず満腹感を覚えない。この性質から、つい摂取し過ぎてしまうことがある。

こうしたことから、果糖が多く含まれている果物はあまり食べないのが正解、と考える人がいるのかもしれない。だが、これは誤解だ。果物には食物繊維が豊富に含まれており、ゆっくり吸収されていくので体の負担が小さい。加えて、ビタミン類や各種ミネラルなどの栄養成分も多く、普段から意識して食べたい食品なのだ。よっぽど食べ過ぎない限り、健康面で問題が生じる心配はない。

果物そのものではなく、果糖に関係するもののなかでは、異性化液糖と呼ばれる液体甘味料に注意しなければいけない。食品表示欄には「ぶどう糖果糖液糖」といった名前で表示されている。安価に製造できるうえに、低温でも甘みを強く感じられるので、清涼飲料水やお菓子類、加工食品などに幅広く使用されている。

この異性化液糖は摂り過ぎにつながりやすく、糖尿病や動脈硬化といった生活習慣病を引き起こす恐れがある。とくに液体で摂取すると吸収が早いので要注意。清涼飲料水の飲み過ぎは禁物だ。

## 食物繊維が豊富なので控える必要はない

予防接種

# 受けた日は入浴してはいけない

インフルエンザなどの予防接種を受けたら、その日は風呂に入ってはいけない。子どものころから、当たり前のようにこう信じている人は多いだろう。しかし、じつはそういったことはない。何10年にもわたって誤解し続けていた人には、衝撃の事実ではないだろうか。

入浴してはいけないのは、予防接種を受けてから1時間経過するまでの間で、これを過ぎればOKだ。通常のように石けんを使って体を洗ってもかまわないが、注射した部位は強くこすらず、さっと洗い流す程度にとどめておこう。また、熱が出た場合は入浴しないほうがいいだろう。

子どもがインフルエンザ以外の予防接種を受けた場合も、当日に入浴しても問題はない。ただし、体に〝異物〟を入れたことには違いないので、若干、疲れやすくなっている可能性もある。あまり長湯はしないようにしよう。

では、なぜ予防接種を受けた日の入浴はＮＧだと信じられてきたのか。これは家に風呂がないのが当たり前で、多くの人が銭湯を利用していた時代に作られたルールではないか、と考えられている。

昔の銭湯の環境は、いまよりも衛生的ではなかった。そこで、注射した傷から病原菌に感染するのを防ぐために、当日は銭湯には行かないほうがいい、ということになったのだろう。家に風呂がある現在なら、そうした心配はないわけだ。

## 自宅に風呂がない時代の決め事で、いまは関係ない

和食

# 伝統的な和食はとてもヘルシー

世界でもトップクラスの平均寿命を誇る日本。その大きな要因は伝統的な和食にあると信じて、脂肪分たっぷりの洋食はできるだけ食べない。こうした食習慣を続けると、じつは狙いとは逆に、だんだん不健康になっていく可能性が高いことを知っているだろうか。

国立国際医療研究センターと国立がん研究センターによる興味深い研究を紹介しよう。約8万人を15年間にわたって追跡調査。普段の食事の仕方を3つのパターンに分けて、さまざまな病気が発症するリスクを調べたものだ。

ひとつは「健康型」で、野菜や果物、イモ、大豆製品、キノコ、魚、緑茶などを食べているグループ。次は「欧米型」で、肉やパン、乳製品、コーヒー、果物ジュースなどを日常的な食事とする。もうひとつが「伝統型」。ご飯や味噌汁、漬物、魚などをよく食べる、昔ながらのいわゆる和食のグループだ。

これら3グループで、追跡調査中に発生した生活習慣病について調査したところ、最も死亡リスクが低かったのは「健康型」だった。この点は誰もが想像する通りだろうが、気になるのは次の順位。一般的に不健康な食事と思われている「欧米型」が、ヘルシーなイメージのある「伝統型」よりも死亡リスクが低かったのだ。これはかなりショッキングな結果ではないか。

専門家の分析では、「欧米型」といっても日本人は欧米人ほど肉や乳製品を大量に取ることはなく、その分、悪い方向にはあまり進まなかったのではないかと見られている。一方、「伝統型」は塩分が多く、たんぱく質が少ないといったことから、高血圧のリスクが高まり、脳や心臓の病気につながりやすいのだろうという。

この研究で明らかになったように、じつは昔ながらの和食はNGなのだ。とはいえ全否定はしないで、魚や野菜たっぷりのメニューは維持しつつ、塩分を控えて、肉やキノコ類などを適度に食べる。こうすれば自然と「健康型」の食事に近づくはずだ。

**伝統的な和食よりも、適度に洋食を交えるほうが健康的**

## 紫外線

# 怖いので赤ちゃんには浴びせない

紫外線は大人の皮膚にも強い刺激を与える。まして赤ちゃんの軟らかい皮膚に当てては大変だと、部屋からほとんど出さない親がいるかもしれない。しかし、こうした生活をおくると、まさかの病気になる恐れがあることを知っているだろうか。

いまは母子手帳から「日光浴」の言葉が消え、「外気浴」という言い回しがされている。だが、これは決して太陽に当ててはいけない、ということではない。1日に5分、10分程度でも外やベランダに出ることが推奨されているのだ。

まったく日光を浴びないと、食事で摂ったビタミンDが体の中で有効に働いてくれない。その結果、ひどい場合は骨の発育不良を起こす「くる病」やその予備軍になることがある。紫外線に当たり過ぎるのは問題だが、恐れ過ぎないようにしよう。

**まったく日光に当たらないと、ビタミンD不足になる！**

離乳食

# アレルギー予防で卵を食べさせる時期は遅めに

赤ちゃんが離乳食を食べられる時期になったので、アレルギーを起こす食べ物がないか心配。とくに卵は原因になりやすいので、できるだけ遅く食べさせたほうがいいらしい。こう思っている人は少なくないだろうが、知識をアップデートさせよう。

かつては「アレルギーを起こしやすい食品は、遅く食べたほうが予防できる」と広くいわれていたが、根拠がないことだと国が明確にした。2019年の厚生労働省の指針では、生後5～6か月から固ゆでの卵黄などを試し、次いで7～8か月で卵黄1個から全卵3分の1個ほどに進める、といった目安が示されている。

離乳食に関する最新情報は、厚生労働省ホームページの「離乳・授乳の支援ガイド」にくわしく示されているのでチェックしよう。

**遅らせても意味はないので、適切な時期に食べさせる**

妊娠中の食事

# アレルギーの原因になる食品は食べない

生まれてくる子どもがアレルギーを起こしたらかわいそう。リスクをできるだけ低くするため、妊娠している間は卵や牛乳といったアレルギーの原因になるものは口にしない。こうして食生活を制限する人がいるようだが、やめておこう。アレルギー予防の効果がないばかりか、おなかの赤ちゃんに悪い影響を与える可能性もあるからだ。

子どものアレルギーを防ぐことを目的に、妊娠中に食事制限をしても意味はない、と科学的に明らかになっている。単なるムダに終わるどころか、卵や牛乳などの栄養豊富な食品を避けることにより、食生活のバランスが崩れてしまいかねない。そうなると、おなかの赤ちゃんの発育にもかかわってくるのだ。無意味な食事制限はしないで、たんぱく質やカルシウムが豊富な食事を取るように心がけよう。

**妊娠中の食事と赤ちゃんのアレルギーは無関係！**

授乳

# 虫歯になるので、1歳を過ぎたらストップ

おっぱいをいつまでもあげると虫歯になりやすい、とよくいわれる。一方、親子の大事なコミュニケーションだから、赤ちゃんがほしがるまであげようという説もあり、新米ママは迷ってしまう。いったい、どうすればいいのだろうか。

授乳が虫歯につながるというのは本当で、とくに1歳半を過ぎて続けると、虫歯発生率が急激にアップする。とはいえ、母乳に含まれている乳糖だけでは虫歯にはほぼならない。離乳食の時期に入って、口の中に食べもののカスが残り、それに母乳が関連することでリスクが高くなるとされる。だから、第一にやるべきなのはしっかりした口腔ケア。そのうえで、赤ちゃんがほしがるようなら、1歳を過ぎてあげてもいいだろう。無理にやめる必要はないが、1歳半あたりを目安にするのがおすすめだ。

**口のケアに十分留意しつつ、続けてもかまわない**

アルコール消毒液

# 消毒液が出過ぎるので最後まで押さない

新型コロナウイルスの感染防止には、石けんを使って手を念入りに洗うか、アルコールで消毒するのが効果的だ。どちらかといえば、消毒液を手につけてもむだけのアルコール消毒のほうが簡単。そこで、自宅にプッシュ式のボトルをかまえて、仕事や外出から帰宅したときなど、真っ先に消毒に努めている人は多いだろう。

問題はその使い方だ。レバーをしっかり最後まで押した場合、相当な量の消毒液が出てくる。これではもったいないと、倹約の意味から、レバーを途中まで押しただけで済ます人がかなりいるようだ。このやり方では十分な消毒はできないので、正しい方法に改めるようにしよう。

アルコール消毒液が入ったプッシュ式の商品は通常、レバーを最後まで押して使うことを前提に設計されている。しっかり押すと3㎖程度の消毒液が出てくることが多いが、実際、なかなかの量だ。しかし、これが適正量なのですべて使おう。手の指や手のひら全体はもちろん、手に消毒液をためて片方の指先を浸け、爪の間を消毒することも欠かせない。

適正量を正しく使えば、アルコール消毒液の効果は非常に高い。だが、0・5㎖に満たないような少ない量で行うと、消毒効果は格段に低くなることがわかっている。アルコール消毒液をケチるのは禁物。もちろん、店舗や施設の出入り口に用意されているアルコール消毒液を使う際も、レバーを最後まで押すことが大切だ。

**適正量を使わないと、消毒効果が格段に落ちる！**

固形石けん

# ウイルスが付着していそうなので使わない

新型コロナウイルスの感染防止には、もちろん石けんによる手洗いも有効だ。しかし、店舗や施設のトイレにハンドソープではなく、固形石けんが備えられていた場合、使うのを躊躇《ちゅうちょ》する人もいるのではないか。もし、直前に使った人が感染していた場合、石けんにウイルスが付着しているのではないかと……。

「ウイズコロナ」といわれる状況下、神経質になるのは当然かもしれないが、気にすることはない。これまでの研究によって、細菌がついている石けんを使っても、洗った手から細菌は検出されないことがわかっている。ウイルスも同様だろう。

固形石けんも、しっかり泡立てて使えば、高い感染防止効果が期待できる。安心して利用するようにしよう。

**石けんから細菌やウイルスは感染しない!**

たんこぶ

# たんこぶができたら、病院に行かなくても大丈夫

頭を強く打って、ぷっくり腫れてくることがある。このたんこぶができたらたいしたケガではなく、急いで病院に行かなくてもいい。こういった俗説があるが、まったく根拠はないので信じてはいけない。

こぶができたのは、強い衝撃を受けたことによって、毛細血管から出血したことを意味する。「たんこぶができたら大丈夫」ではなく、「たんこぶができるほど頭を強く打った」と考えるようにしよう。たんこぶができたけれども、意識がはっきりしている、話しかけたら視線が合う、子どもの場合はすぐに泣きやんだ、といった場合はとりあえず様子を見る。一方、ぐったりしている、目がうつろ、嘔吐する、といった症状があるなら、すぐに病院を受診しなければならない。

**たんこぶと症状の重さは関係ない**

ヨーグルト

# 効能がなくなるので加熱は禁物

整腸効果が期待できる発酵食品のヨーグルト。そのまま食べてこそ、生きた乳酸菌を腸まで届けられるので、加熱する料理に使うのはムダ。広くこう思われているようだが、そんなことはない。

加熱すれば当然、乳酸菌は死んでしまうが、重要成分である乳酸はちゃんと働いてくれる。その作用によって、腸内環境が酸性に傾き、悪玉菌が増殖しにくくなるのだ。加えて、ヨーグルトに多く含まれている乳糖が善玉菌のエサになり、腸内環境は一層良い方向に向かう。さらに、死んだ乳酸菌は食物繊維と同じように消化吸収されないので、便のカサを増して便通も改善する。ヨーグルトは加熱しても全然ＯＫ。タンドリーチキンをはじめ、いろいろな料理に利用しよう。

**乳酸と乳糖、死んだ乳酸菌が腸内環境を整える！**

寝巻

# 夏に長袖のパジャマを着ると寝苦しい

涼しい季節は長袖・長ズボンのパジャマを着て寝るが、暑くて寝苦しい夏は無理。Tシャツと短パンで寝るようにしている。こういった寝方をした場合、寝入りばなは気持ちいいだろうが、ひと晩通した睡眠の質は落ちてしまう可能性が高い。

寝ている間、体温は起きて活動しているときよりも1℃ほど低くなるので、薄着で手足をむき出しにしていると体の負担が大きい。とくに起きる前の早朝は、夏でも気温がやや下がる。この環境に対応しようと、体は温度調節をするために活動的になり、深い睡眠を得られなくなってしまうのだ。

夏でも長袖、長ズボンのパジャマを着るほうが、安眠を得られる可能性は高い。暑くて寝つけないなら、エアコンなどを上手に使おう。

**半袖と短パンで寝ると、睡眠の質が下がってしまう**

ミカン

# かぜ予防のために酸っぱそうなものを選ぶ

かぜの予防にはビタミンCが効果的。酸っぱいものほど豊富に含まれていそうなので、ミカンを買うときは完熟手前のものを選ぶ。あえてこう心がけている人は、次からはいかにも甘そうなミカンを選ぶようにしよう。

甘いミカンには、β-クリプトキサンチンという生活習慣病の発症リスクを低下させる有効成分が含まれている。この成分は甘ければ甘いほど多く含まれているので、熟していない酸っぱそうなミカンを買うのはNGだ。

なお、かぜ予防という点については、ミカンのビタミンCには疑問符がつくことを知っておこう。常時、大量に摂取すれば、わずかにかぜをひく期間を短くできたという研究もあるが、残念ながら、ミカンを食べる程度ではほぼ期待できない。

**生活習慣病を予防する有効成分は甘いほど多い**

# 食べ方で損する大間違いな常識

ダイエット中だから、
おいしいものは厳禁！
卵は健康のために1日1個。
牛乳パックは振る必要なし。
こうした思い込みは大間違い！

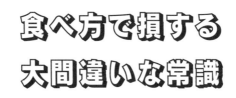

トンカツ

# 胃腸の負担が大きいので入試前日はNG

試験に臨むときには、ゲン担ぎをしたくなるものだ。食事では何といっても、「勝つ」にちなんだ「トンカツ」を食べたい。とはいえ、揚げ物は油たっぷり。胃腸の負担が大きいので、やめておいたほうがいいかも……と思う人もいるだろう。

実際、試験の前にトンカツはNGなのか。それともゲン担ぎで食べて、やる気をアップさせてもいいものか。精神面ではなく、体の働きから考えると、試験日の朝食でトンカツを食べるのは避けたほうがいいだろう。午後にも試験がある場合は、昼食で頼むのもやめておこう。

トンカツなどの油が多く含まれている食べものは消化が遅く、胃腸に血液がより長い時間集まることになる。この結果、フル回転させたい脳に、十分な量の血液が供給されない可能性があるのだ。

しかし、前日の夜なら、消化の悪さをあまり考えることはない。栄養面から考えると、ぜひ食べることをおすすめする。というのも、豚肉にはトリプトファンというアミノ酸が多く含まれているからだ。

トリプトファンは体内に入ると、心を安定させる働きのあるセロトニンという重要なホルモンの原料となる。前夜に豚肉を食べておくと、試験当日、平常心を保つための大きな力になってくれそうだ。縁起担ぎだけではなく、栄養学的にもトンカツを食べるのはおすすめだ。

**豚肉の成分が心を安定させるホルモンの材料に！**

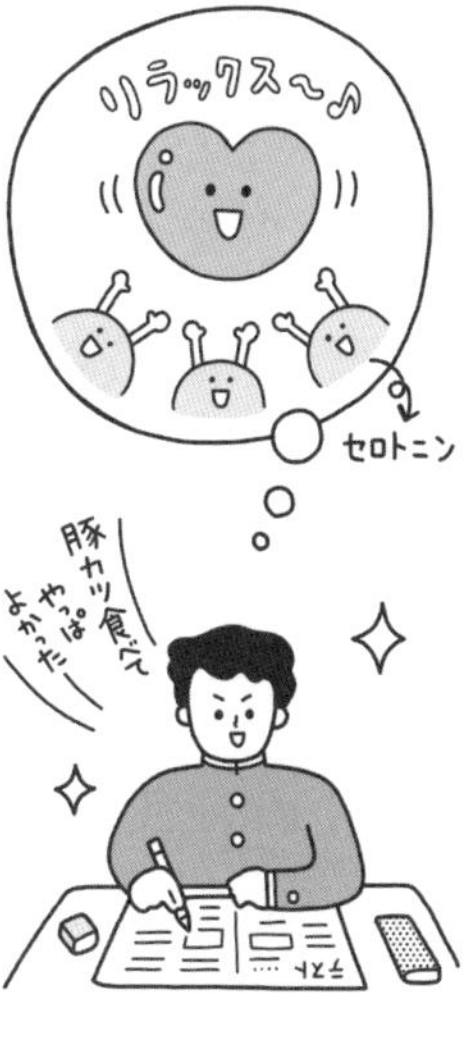
リラックス〜♪
セロトニン
豚カツ食べて
やっぱ
よかった

## マヨネーズ

# とても高カロリーなので控える

大量の油脂と卵、酢などから作られるマヨネーズ。大さじ1杯が100kcal近くもある高カロリー食品なので、サラダにたっぷりかけるのに抵抗がある人は多いだろう。しかし、体に良くない不健康な食品だと決めつけるのは早い。別の面からみれば、マヨネーズはとてもヘルシーといえるのだ。

じつは、マヨネーズは塩分量がとても少なく、大さじ1杯当たり0・3gしかない。中濃ソースには同じ分量で0・9g、醤油には2・2gも含まれている。マヨネーズは非常に優秀な減塩食品なのだ。かけ過ぎにさえ注意すれば、むやみに嫌う必要はない。なかでも、血圧が高めで食べる量が少なめになりがちな高齢者には、減塩に加えてカロリーを補えるのでおすすめだ。

**優秀な減塩食品で塩分は大さじ1杯に0・3g**

ダイエット

# おいしいものは食べ過ぎるから避ける

おなかの肉が気になるのでダイエット。食事の量を抑えるために、好きなものはできるだけ我慢し、あまりおいしくないものばかりを食べている。こういったダイエットの仕方は、残念ながらさほど効果が上がらないかもしれない。

じつは、おいしいと感じるものと、そうでないものを食べたあとでは、食後数10分間のエネルギー消費量が格段に違うのだ。おいしさが脳に伝わると交感神経の働きが高まり、代謝が活発になるからだと考えられている。

摂取カロリーを減らそうと、おいしくないものを食べるのは、エネルギー消費の面からは効率が悪い。あくまでも食べ過ぎないことが前提だが、ある程度は好きなものを食べるほうがダイエットが成功する可能性は高そうだ。

**おいしいものを食べたほうがやせやすい！**

焼き魚

# 焦げはガンの原因になる

焼き魚の焦げには発ガン性物質が含まれている、と聞いたことがあるのではないか。焦げは苦くてまずいし、しかもガンになったら大変だと、黒くなったところを全部はぎ取らなければ気が済まない。こういった人がいるかもしれないが、それほど神経質になることはない。

魚の焦げとガンの関係は、1970年代に行われた研究によって示された。焦げの中にヘテロサイクリックアミンという発ガン性物質を見つけ、これをラットに投与し続けたところ、ガンを発症したというものだ。

焼き魚の焦げというのは、日本の食卓でごく普通に見ることができる。サンマの塩焼きなどでは、まったく皮が焦げていないもののほうが稀だろう。こうした身近な食べものがガンの原因になるというのだから、当時、かなりセンセーショナルな新事実として受け止められた。

この研究を受けて、国立がんセンターでは肉や魚の焦げた部分は避けるようにと啓蒙。マスコミも大きく報道して一般に広く伝わり、焼き魚の焦げは食べてはいけないという健康常識が広まった。

しかし、実際のところ、焼き魚を焼くのに失敗して少々焦げても、苦みが嫌いでなければそのまま食べてもかまわない。ときどき焦げを口にするくらいで、ガンを発症することはないからだ。先の実験でラットに与えた発ガン性物質の量はあまりにも膨大。人間の食事で換算すると、茶わん数杯分の焦げを毎日、何年にもわたって食べ続けるのに相当する。あまりにも現実味がない実験だったのだ。

食べものに含まれる発ガン性物質では、じつはジャガイモなどを高温調理したときにできるアクリルアミドのほうが危険度は高い。とくに冷蔵保存したものを揚げてフライドポテトやポテトチップスにすると多く発生する。ほかに身近な食品では、カリカリに焼いたトーストなどにも含まれているので注意が必要だ。

## 毎食、焦げた焼き魚を食べてもガンにはならない！

卵

# 健康のため、食べるのは1日1個まで

身近で安価な食べもののなかでも、栄養価が格別高いのが卵。ただし、コレステロールの多いことが気になり、食べるのは1日1個までと決めている人は多いだろう。

しかし、この基準は随分以前にいわれていた昔の健康情報だ。

コレステロールの多い食品を食べ過ぎると、血中コレステロールに影響して動脈硬化の原因になる。かつてはこう信じられており、卵は控えるべき食べものの代表とされてきた。実際、卵にはコレステロールが多く、1個に約250mgが含まれている。

5年ごとに発表される厚生労働省の「食事摂取基準」2010年版では、コレステロールの摂取目標量は成人男性が1日750mg未満、女性が600mg未満だった。卵を1日に2~3個食べ、ほかの食品からもコレステロールをある程度摂取すれば、この数値は簡単に超えてしまう。卵は1日1個とされていたのも無理はない。

ところが、その後の研究により、コレステロールは体内で合成されることが判明し、

「食事摂取基準」2015年版では摂取目標量がなくなった。体内での合成量は非常に多く、食事で摂る量の3〜7倍も作ることができる。しかも、食事で摂る量が少なければ多く合成し、大量に摂取すれば合成量を減らして、総量が一定になるように調整されるのだ。この体の働きから、卵はいくつ食べても問題はないということになる。ただし、1日3個食べた場合、3割の人の血中コレステロールが高くなったという研究があるので、1日2個程度までにとどめたほうが無難だろう。

**1日2個程度なら、コレステロール値に影響なし！**

卵

# 冷凍すると食べられない

卵を冷凍することはできない。頭からこう思い込んでいる人は多そうだが、一度試してみよう。卵の新しい魅力を発見し、やみつきになるかもしれない。

卵を冷凍したのち解凍しても、白身の状態はそれほど変わらず、ややサラサラした感じになるだけだ。一方、黄身はねっとりして味が濃くなる。卵かけご飯にしたら、その味わいに驚くことだろう。凍ったまま半分に切って焼くと、2分の1サイズの目玉焼きになる。黄身を醤油漬けにするのもいい。細胞が壊れているので、30分足らずで味がしっかり染み込む。

さまざまな使い方ができるが、凍ると殻にヒビが入るので注意。冷凍する前にしっかり洗い、水分を拭き取ってから凍らせ、解凍後はすぐに食べるようにしよう。

**黄身がもっちり、ねっとりした新食感に変身！**

牛乳

# 飲む前に牛乳パックを振る必要はない

果物ジュースを飲む前には、濃さを均一にするため、開封前に缶やパックをぶんぶん振る人が多い。このひと手間がないと、底のほうは味が濃く、上のほうが味が薄いというアンバランスな状態で飲まなくてはいけなくなる。

これに対して、牛乳を飲むとき、開封前にわざわざ振る人はほとんどいない。しかし、これからはぜひ振ってから飲むようにしよう。牛乳の中には、たんぱく質や脂質が集まった「コロイド」と呼ばれる小さなかたまりがある。牛乳パックを振らないで飲むと、このコロイドが底のほうにたまったまま飲むことになってしまう。

飲む前に少し振るだけで、コロイドは牛乳中に均一に分散。振ったジュースと同じような状態になり、味の薄い部分がなくなっておいしくなるのだ。

**振るとうま味が均一に分散して味わいアップ!**

イチゴ

# 色の濃さを見て甘さを判断する

パックに詰められたイチゴを選ぶとき、あるいはイチゴ狩りでどれを摘むか決めるとき、何を決め手にするのがいいだろう。やっぱり真っ赤なものがいちばんだと色を見て判断し、それ以外のものは避ける人が多いのではないか。

真っ赤なイチゴは甘いことが確かに多いのだが、それよりも大事なのはツヤ。色が同じ程度なら、表面にツヤのあるもののほうが熟しているのだ。ややくすんだように見えるものよりも、ピカピカして光沢のあるイチゴを選ぶようにしよう。

イチゴの甘さを判断するには、ほかにもいくつかのポイントがある。色については、全体の色味よりもヘタの周りに注目したい。多くの品種では、ヘタの裏側まで赤くなっているのが完全に熟した印。全体的に赤いけれども、ヘタの周りだけがやや白っぽいのなら、完熟する一歩手前だと考えよう。

ヘタ自体も鮮度を知るための重点ポイントになる。鮮度の悪い葉物野菜が元気なく、何だかしなっとしているように、ヘタに張りがないイチゴは、収穫後ある程度時間がたっていると考えていい。ヘタが濃い緑色をしていて、みずみずしく、ピンと張っているものを選ぶのがコツだ。

形を見比べることも忘れてはいけない。チェックするのは先端部分で、尖っているものよりも平べったいイチゴのほうがおいしい。イチゴは先端にいくほど糖度がアップするので、平べったいものは甘い部分がより大きくてお得というわけだ。

大きさについては、小さなものよりも大きなものを選ぶのがいい。基本的にイチゴは最初に実る一番果が最も大きくて甘く、時期がたつにしたがって、だんだん小さくなって糖度も落ちていくからだ。

見落としがちなチェックポイントは、表面にある「つぶつぶ」だ。完熟で甘いイチゴはつぶつぶが赤く色づき、しかも果肉に食い込んで埋もれているように見える。こうした選び方を頭に入れておき、甘いイチゴを選ぶようにしよう。

## ツヤの鮮度、ヘタやつぶつぶの状態などをチェック！

チョコレート

# 白い粉がふいていたら捨てる

買っておいたチョコレートの封を切って取り出すと、表面に白い粉が吹いている。こういったとき、カビが生えているから食べられない、とすぐに捨ててしまったことはないだろうか。

チョコレートに白い粉が吹いていても、多くの場合、食べておなかを壊すような心配はない。主な原料であるココアバターは高温に弱く、28℃以上になると溶けてしまう。白い粉のようなものは、溶けた後で温度が下がって再度固まったものだ。

食べても健康上の問題は生じないが、残念ながら、ココアバター特有の風味は落ちている。チョコレートを暑い室内や車内、直射日光の当たるような場所で保管するのは禁物。28℃にならない場所に置くようにしよう。

## ココアバターが溶けて固まっただけ

ビール

# 冷えていないビールなんか飲めない

きんきんに冷えたビールののど越しはたまらない。冷えていないぬるいビールなんて飲めたものではない。ビール党の圧倒的多数はこう思うだろう。確かに、冷蔵庫に入れ忘れた常温のビールはじつにまずい。だが、考えをガラッと変えてみよう。温めて飲むビールは意外にいけるのだ。

じつはビールの本場であるドイツやベルギーなどでは、寒い季節、あえて温めたホットビールを好む人が少なくない。ただ温めるだけではなく、シナモンやショウガ、ドライフルーツ、黒糖などを加え、スパイシーな味わいにするのも人気だ。作り方は簡単。陶器のコップや耐熱用マグカップに入れて、電子レンジで1分程度加熱するだけ。鍋で沸かしてもいいが、沸騰させると炭酸が抜けてまずくなるので注意しよう。

**本場では、あえて温めて飲むホットビールが人気**

野菜

# ハウス栽培の野菜はおいしくない

野菜は自然な環境のもとで育つ露地栽培のものに限る。ハウス栽培はいかにも人工的な育て方で、同じ野菜でも味や栄養価がぐっと落ちるから、できるだけ買わないようにしている。こうした考え方の人がいるようだが、正しいのだろうか。

露地栽培では日光を直接浴びるため、光合成がより活発に行われ、味や栄養が良くなることは十分考えられる。しかし、野菜のなかには外国が原産のものも多く、水分管理をしやすいハウス栽培のほうが健康に育つことも少なくない。その代表が、雨が少ないアンデス地方原産のトマト。ハウス栽培でぎりぎりまで水分を抑えることにより、甘いフルーツトマトになる。同じナス科のピーマンも、ハウス栽培のほうがビタミンCが多いことがわかっている。ハウス栽培を毛嫌いする必要はないだろう。

## 味が良く栄養価が高いハウス野菜も多い

# 料理がまずくなる大間違いな常識

煮魚は沸騰させてから煮る？
チャーハンは冷やご飯で作る？
土から上の野菜は熱湯でゆでる？
普段の料理に関する
自分のやり方を見直そう。

煮魚

# 煮汁を沸騰させてから魚を入れる

煮魚を作るときは、冷たい煮汁に魚を入れると、表面がすぐに固まらないので生臭くなってしまう。だから、煮汁を煮立たせてから魚を入れなければならない。これが長い間、煮魚を作る際の常識とされてきたが、じつはどちらでもかまわない。

女子栄養大学の研究で、沸騰させた煮汁で煮魚を作ったものと、冷たい煮汁に魚を入れて加熱したものを比較した。できあがった煮魚を比べてみたところ、味わいにほとんど差はなかったという。

煮立たせてから入れるのが正解とされたのは、昔はいまよりもずっと大家族だったからではないか、と考えられている。

大家族の食事の支度では、みなが食べるおかずを大量に作る必要があった。煮魚なら大きな鍋に煮汁をたっぷり作り、たくさんの魚を入れて煮ることになる。火はまきや炭火で、いまのガスやＩＨに比べると火力が弱かった。

こうした調理の仕方では、冷たい煮汁から加熱するとなかなか温度が上がらず、沸騰するまでにかなりの時間がかかる。これでは煮ている間に、魚のうま味が溶け出す可能性が高いだろう。あらかじめ沸騰させた煮汁で作るやり方と比べると、料理のできばえに相当な差があっても不思議ではない。

これに対して、いまの家族はずっと少人数になっている。調理に使う火力もはるかに強いので、少ない煮汁に魚を数切れ入れただけなら、火をつけてほどなく沸騰するはずだ。魚からうま味が抜け出るひまがないので、沸騰させた煮汁で作る場合とそん色ない出来栄えになるというわけだ。

ぐつぐつ沸騰させた煮汁に魚を入れると、急激な温度変化で皮が破れやすく、早く煮汁が減って煮詰まりやすいというデメリットもある。冷たい煮汁から煮れば、そういったことは少なくなる。煮魚を一度に大量に作らない場合は、冷たい煮汁から作るほうがおすすめだ。

## 冷たい煮汁から煮ても、味わいはほぼ変わらない

# 土から上の野菜は熱湯でゆでる

土から上の野菜は熱湯でゆで、土から下の野菜は水からゆでる。この料理の基本を知っている人は多いだろう。

土から上の野菜とは、ホウレン草やブロッコリー、キャベツ、枝豆などだ。これらは火が通りやすいので、最初から熱湯でさっとゆでるのが正解だ。水からゆでると火を通す時間が長くなって、栄養が無駄に流出し、歯ごたえも残らない。

一方、土から下の野菜とは大根やニンジン、ゴボウ、イモ類などの硬い根菜類。水からゆでる理由のひとつは、熱湯に入れると表面だけにすぐ火が通り、中までゆで上がるころにはグズグズになりがちだからだ。水からゆでると、徐々に火が入っていくので、表面だけが軟らかくなり過ぎることがなくなる。

加えて、サツマイモやジャガイモなどにはでんぷんが多く含まれていることも、水からゆでる理由のひとつだ。でんぷんは65℃～75℃の温度帯で糊化《こか》（のり状になること）し、β－アミラーゼという酵素によって麦芽糖に分解される。

このメカニズムにより、水から加熱し、60℃前後の温度帯をゆっくり通過することによって、でんぷんが麦芽糖に変わりやすくなる。つまり、より甘くなっておいしくなるというわけだ。熱湯にイモ類をいきなり入れてゆでると、麦芽糖にあまり変化しないので、味わいが落ちてしまう。

ふたつめにあげた理由から、じつは土から上の野菜にも、水からゆでたほうがいいものがある。でんぷんがたっぷり含まれているカボチャだ。イモ類などと同じく、水から入れて、ゆっくり加熱するうちに麦芽糖に変化して甘くなっていく。

土から上になる野菜のなかでは、トウモロコシもでんぷんが多い。基本的には水からゆでて、沸騰させないで時間をかけて加熱し、甘いゆで上がりにするといい。ただし、熱湯でゆでる調理法もあり、この場合、甘みはやや劣るが、短時間でゆで上がるので食感がシャキシャキになる。好みでゆで方を変えるといいだろう。

## でんぷんの多いカボチャは水からゆでる

タケノコ

# 皮をむかないでゆでる

春を感じさせる味覚のタケノコ。ゆでるときには皮をむいてはいけないといわれている。皮つきのままゆでると、皮に含まれている成分によって軟らかくゆで上がり、色も良くなるというのが理由だ。

昔から伝わる調理法には説得力があるが、この場合は違う方法でもかまわない。皮つきと皮をむいたものをゆでて比べてみると、軟らかさと味わいに大差はなく、色合いもさほど変わらないからだ。

皮つきのタケノコが入るような大鍋は持っていない、という家庭は少なくないだろう。皮をむいて切り分け、手持ちの鍋でゆでるのが現実的だ。ゆでるときには、ぬかをひとつまみ入れると、アクを吸着し、えぐみをなくしてくれる。

**皮をむいても、ゆで上がりに大差なし**

アスパラガス

# はかまは取り除いて調理する

アスパラガスの茎には三角形の「はかま」と呼ばれるものがついている。この部分は硬くて口触りが良くないので、ピーラーなどでむいてからゆでるというレシピが少なくない。この作業がけっこう面倒……と思ってはいないだろうか。そういう人は、このはかま取りは省いてもかまわない。アスパラガスのはかまは、食べたら口に残りそうな気がするかもしれないが、意外にそうでもないのだ。

ただし、外国産のアスパラガスのなかには、輸送に時間がかかっていることもあって、若干はかまが硬くなっている場合もある。こうしたものは、ゆで上げてから根元に近い部分のはかまだけを指でつまみ、引っ張ってはがすといいだろう。事前にピーラーなどでむくよりも、この方法のほうが簡単に取り除くことができる。

**基本的に、取らないで食べてもイヤな口触りはない**

ぬか漬け

# 毎日かき混ぜなければいけない

ぬか床を作って、できたてのぬか漬けを食べてみたいものだ。野菜が一層おいしくなって、乳酸菌がたっぷり摂れるのもうれしい。

しかし、ぬか床はいきものなので、放っておいたらすぐにダメになるとのこと。毎日きちんとかき混ぜないといけないので、仕事が忙しいなか、はじめるのはなかなかハードルが高い……。こう思っている人もいるだろうが、もっと気楽に向き合ってかまわない。

ぬか床の育て方としては、乳酸菌が活動しやすい常温で保存し、毎日かき混ぜて、中に空気を入れるのが基本とされている。けれども、夏の暑い時期でなければ、2〜3日に1回程度でもとくに問題はない。

毎日漬けても食べ切れないので、週に数回程度にしたい、という場合は冷蔵庫で保存するのがいいだろう。乳酸菌の活動が弱まるので、あまり発酵しなくなるが、その分、雑菌も繁殖しないというメリットがある。ぬか漬け初心者には、この冷蔵庫保存が向いているかもしれない。ただし、食べごろになるまで、常温保存よりも長めに漬けておくことが必要だ。

冷蔵庫に保存しておく場合でも、週に1日ほどは常温の場所に出して、発酵を促すのがいいだろう。冷蔵庫に置きっぱなしにしていると、乳酸菌がほぼ休眠状態になるので、ぬか漬けらしい風味が薄まっていく。

## 夏場以外は2～3日に1回程度でもOK

なんか
申し訳ないね…
乳酸菌
はぁ～
しんどいわ…
明日も仕事早いし
ねむたいけど
おいしいぬか漬けは
食べたいし…
ブツブツ…

# 表面に白いカビができたら傷んだ証拠

ぬか床の表面にカビのような白い膜が張った。残念ながら、このぬか床はもう使えないので捨てるしかない……とカン違いしてはいけない。乳酸菌が増えてきた証拠で、傷んだわけではない。とはいえ、対処が必要だ。

ぬか床の表面に張る白い膜は、産膜酵母というもの。カビのような毒性はないので、早合点して廃棄しないようにしよう。産膜酵母は増えた乳酸菌をエサにする酵母。乳酸菌の増え過ぎを防いで、酸っぱくなり過ぎないようにする働きがある。産膜酵母が発生したら、大きくかき混ぜる天地返しによって中に送り込んであげよう。

また、ぬかの脂肪分が酸化した場合、ぬか床の表面が黒っぽくなる。この場合も、捨てることなく混ぜ込むだけでいい。

**カビではなく有益な酵母。混ぜ込むだけでOK**

## 春巻きの皮

# 生のままでは食べられない

「春巻き」と「生春巻き」の皮はよく似ているが、まったく違うものだ。春巻きの皮の主な原料は小麦粉だが、生春巻きの皮は「ライスペーパー」とも呼ばれるように米粉でできている。食べ方も異なっており、春巻きの皮は生では食べられない、と思っている人がほとんどではないか。

じつは春巻きの皮も、生でそのまま食べられる。餃子の皮などとは違って、小麦粉を水で練って薄く伸ばしたあと、焼いて作られているのだ。生で食べる春巻きの皮は、もっちりした食感がおもしろい。甘めの味噌や甜麺醤《テンメンジャン》を内側に塗って、甘辛味に焼いた鶏肉、キュウリ、白髪ネギなどを挟んで巻けば、北京ダック風のアイデア料理になる。野菜をたっぷり食べられてヘルシーなので、ぜひ試してみよう。

**じつは生でもOK！鶏肉や野菜を巻けば北京ダック風に**

チャーハン

# 冷たいご飯で作るとパラパラに仕上がる

チャーハンを作るとき、温かいご飯を使うのはNG。水分が多くて粘り気が強いので、パラパラした仕上がりになりにくい。べたつかないチャーハンに仕上げるなら、水分が飛んだ冷たいご飯で作るに限る。こう信じて、必ず冷やご飯でチャーハンを作る人が多いが、実際のところはどうなのだろう。

冷やご飯で作ると、早くパラパラになりやすいようなイメージがある。しかし、持ち合わせている調理テクニックがごく一般的なレベルの場合、上手に作るのはなかなか難しい。冷やご飯は硬く固まり、ダマになっていることが多いので、無理にほぐそうとしてへらやお玉で押さえつけると、ご飯がつぶれてしまうのだ。

冷やご飯のでんぷんが食べてまずい状態になっているのも問題だ。でんぷんは水を加えて加熱したら、炊き立てご飯のようなふっくら軟らかい状態になる。これに対して、冷めたでんぷんは硬くてまずい。冷やご飯のでんぷんは、まさにこの状態だ。このため、冷やご飯を使うと、でんぷんが軟らかくなるまでに時間がかかり、一緒に炒める卵や具材に火が通り過ぎてしまうのだ。

冷やご飯は扱い方が簡単ではないので、チャーハンは温かいご飯で作るのがおすすめだ。冷やご飯を使うよりも、ずっと早くほぐれてパラパラになる。ただし、炊き立てご飯は水分が多過ぎるので、べたついた仕上がりになりやすい。皿の上などに広げて、水分を軽く飛ばしてから炒めるのがいいだろう。

## 温かいご飯のほうがほぐれやすく、つぶれにくい

長ネギ

# 緑色の葉の部分は食べられない

長ネギで利用するのは白い部分だけ。緑色の葉の中には、ヌルヌルした変な物体もあって、あんなものを食べる気がしない。こういった人は、とても大きな損をしていることになる。

「ヌル」と呼ばれることもあるこの粘液は、多糖類が集まってできた水溶性のペクチン。じつは害虫や細菌からネギを守るための物質で、人間の体内に入ると、免疫系のシステムを活性化する働きがあるのだ。新型コロナウイルスの感染予防のためにも、緑色の葉の部分をもっと積極的に食べるようにしよう。

うれしいことに、ヌルの有効成分は加熱しても効果がなくならない。葉をヌルごと刻んで薬味にするだけでなく、野菜炒めの材料に加えるのもいいだろう。

**免疫力をアップさせるうれしい効果あり!**

ポテトサラダ

# 味つけをするのは冷めてから

ポテトサラダを作るときは、ゆでてすぐにマヨネーズを加えてはいけない。熱いうちにジャガイモをフォークなどで崩したら、しばらく放置して冷まし、粗熱《あらねつ》を取ってから味つけをする。ポテトサラダを作る手順として、この流れは正しいだろうか。

マヨネーズを加えるのは、ジャガイモの粗熱が取れてからが正解だ。熱いときに加えたら、熱でマヨネーズが分離してしまう。しかし、このとき同時に塩やコショウ、酢なども混ぜるのはタイミングが遅過ぎる。ジャガイモが熱い状態のときに加えてこそ、これらの調味料は中までしっかり染み込んでいくからだ。

なお、ジャガイモとマヨネーズが最もからまりやすい温度は40℃程度。冷やし過ぎるとなじみにくくなるので要注意だ。

**塩と酢は熱いうち、マヨネーズはやや冷めてから**

電子レンジでチン

# トラブルが起きるのでNGなのは卵

電子レンジでチン。とても便利な機能だが、卵をレンチンしたら爆発することはよく知られている。過熱によって殻の内部に水蒸気が発生し、圧力が強まって爆発してしまうのだ。レンチンNGの食べ物は生卵だけではない。殻に覆われていなくても、表面に膜があれば爆発する可能性がある。ゆで卵や目玉焼き、イカやタコ、タラコ、ウインナー、殻つきの栗や銀杏などは決して電子レンジで温めてはいけない。

そして、意外に知られていないのが、ブドウもレンチンがNGなことだ。干しブドウが簡単にできるのではないか、と軽い気持ちで試してみたら大変だ。小さな粒にマイクロ波が強烈に作用し、皮が破裂するどころか燃え上がってしまうこともある。火災にもつながるので、絶対にやってはいけない。

**最悪はブドウ。レンチンで燃え上がる恐れが！**

# 暮らしに潜む
# 大間違いな常識

暮らしのよくあるシーンには、
とんでもないカン違いが
たくさん隠されている。
この機会に見つけて、
正しい「常識」を身につけよう。

箱を重ねて持つ

# 安定するように重い箱を下に持つ

重さの違う箱をいくつか重ねて持つことになったとき、どういった持ち方をすると楽に運べるだろうか。重いものを上にして持つと、いかにも不安定になって運びにくそうだ。だから重いものは下、軽いものを上にして持ったほうがいい。こう思う人は多いだろうが、正解は逆だ。

異なる重さのものを重ねて持つときは、重いものを上に、軽いほうを下にして持つほうがいい。こうすれば重いものを下にして持つよりも、荷物の重心が体の中心部分に近くなる。このため、同じ重さでも持ちやすくなって、より軽く感じるようになるのだ。ただし、持つのにギリギリの重さの場合は、重い箱を上にして持つと、バランスが崩れて危険な場合があるのでやめておこう。

**重い箱を上にしたほうが持ちやすくて軽く感じる**

加湿器

# 水道水は塩素が入っているので使わない

感染症の予防には、部屋の空気を乾燥しないように保ち、ウイルスが活動しにくい環境にすることが大切。そのための強い味方になるのが加湿器だ。

加湿器は水を入れて使うが、水道水には塩素が加えられているので、蒸気にして吸うのは抵抗がある人がいるかもしれない。そういう場合、浄水器を通した水かミネラルウォーターを利用するのはどうだろうか。

塩素を気にしなくてもいいので、何となく安心できる。しかし、やってはいけない浄水器の使い方の代表のようなものだ。塩素が入っていないことから、浄水器の中でカビや細菌が繁殖しやすくなってしまう。塩素をとかく毛嫌いする人は少なくないが、その働きは非常に大きい。浄水器には必ず水道水を使用しよう。

**塩素で殺菌できないと、カビや細菌が繁殖しやすい！**

## 免許証

# 写真が不細工でも取り替えられない

免許証の写真がどうにも気に入らない、という人は想像以上に多いようだ。日産自動車のアンケート調査によると、「じつは人に見せたくない写真」の第1位は免許証の写真で、約70％もの声を集めた。

1回更新した免許証は通常でも3年間、優良ドライバーに交付されるゴールド免許なら5年間持ち続けることになる。写真が気に入らないことから、免許証を見るたびに憂うつな気分になる人がいても不思議ではない。

写真が本当に気に入らなければ行動に移そう。じつは2019年12月から、免許証再交付の要件が大幅に緩和され、ただ「写真がイヤ」というだけの理由でも再交付できるようになっているのだ。この改正を知らない人が多いのは、同時期、運転中の携帯電話使用に関する罰則強化も定められ、当時、こちらのほうがはるかに大きく報道されたからだろう。

加えて、これもほとんど知られていない事実だが、免許証の写真は持ち込むこともできる地域が多い。スピード証明写真コーナーなどで写真を撮影し、気に入ったものを持って再交付に臨むのがおすすめだ。ただし、東京都などの一部の地域では持ち込み写真が不可となっているので、調べてから行動しよう。

再交付の手数料は2250円。即日発行できない場合もあるので、こちらの情報についても事前に調べておこう。

**「この写真がイヤ」だけの理由でも再交付ＯＫ！**

## 充電池

# 完全に使い切ってから充電する

デジタルカメラや携帯ラジオ、ボイスレコーダーなどに使う単3や単4などの小さな乾電池型の電池は、充電地を利用するのが便利だ。充電池は電力が残っているうちに充電すると、寿命が短くなってしまう。そこで、完全に使い切ってから充電するのが使い方のコツ。こう誤解している人がいるようだ。

乾電池型の充電池は、ニッケル水素電池というタイプ。ほぼ完全に使い切り、電池の容量がなくなっても機器から出さないでいるのはNGだ。さらに無理やり放電させることになり、過放電状態になって電池に負担がかかり、寿命が短くなってしまう。ニッケル水素電池は、電池容量の50～70％を使ったら充電するのがベスト。繰り返しこまめに充電することによって、長く使うことができる。

**こまめに充電するほうがずっと長持ちする**

洗車

# 雨の日は洗車をしてもムダ

洗車をするなら、曇りの日がベスト。晴れた日に行うと、洗車に使った水道水がどんどん蒸発し、カルキなどのシミが残りやすい。もっと向いていないのが雨の日で、やるだけムダで論外だ。洗車に対するこの考え方は正しいだろうか。

晴れた日にはやめたほうがいいが、雨の日の洗車は意外にメリットがある。ひとつは、表面の土ぼこりが洗い流された状態からはじめられることだ。乾いてこびりついていた泥なども軟らかくなり、通常よりも汚れを落としやすい。加えて、カルキなどのシミが雨で流されるので、洗車後の拭き取り作業が不要になるのもうれしい。

仕上げのワックスをかけられないというデメリットもあるが、水洗いだけで十分という人には雨の日の洗車は意外におすすめだ。

**汚れが落ちやすく、カルキ跡が残らないのでお得！**

オービス

# 制限速度まで落とさないと捕まる

道路上に設置された無人式の自動速度取り締まり機を、一般に「オービス」という。赤外線ストロボとカメラが搭載され、速度違反の車を発見したら自動的に撮影するシステムだ。１９７０年代、日本ではじめて開発された時速機が「オービスⅢ」という名称だったことから、こういわれるようになった。

オービスに神経をとがらせるドライバーは多いだろう。設置場所に近づくと、路上に「自動速度取り締まり機設置路線」といった看板が登場。道路交通法第22条では、その道路の最高速度を超える速度で走るとスピード違反になる。現実的には、制限速度をやや超えるスピードで走行することも少なくないだろう。そこで設置された地域では、オービスに撮影されないようにアクセルを緩めて、制限速度以下までスピードを落とす人もいるようだ。とはいえ、そこまで神経質になる必要はない。

オービスはスピード違反の車を感知したうえで、撮影する仕組みになっている。制限速度100㎞の高速道路を101㎞や102㎞の速度で走っても、道路交通法上では違反は違反だ。しかし、そういったわずかなスピード違反を全部キャッチしていたら収拾がつかなくなってしまう。

加えて、本人の許可なく撮影することから、肖像権などもからんでくる。実際、オービスによって検挙されたケースでは多くの訴訟が起きており、制限速度を少し超えた程度で感知して撮影するのは相当ではない、という判例も出ているのだ。

こういったことから、オービスは一般道では超過30㎞、高速道路では超過40㎞程度で感知するようにセットされているようだ。超過がこうした速度未満なら軽い違反の「青切符」が切られ、以上の場合は悪質な違反とされる「赤切符」になる。

オービスは青切符相当の違反は見逃す……といっては語弊があるが、より悪質な違反を対象に設置されているわけだ。もちろん、速度オーバーをしても少々なら許されるわけではない。

## 赤切符が切られる速度で作動する可能性大

トマト

# 甘くするため、水を極限まで与えない

フルーツトマトの栽培では、水やりを制限して甘みを凝縮させるのがコツだ。しかし、この「水切り栽培」で成功するのは熟練の農家だけ。初心者がプロの真似をすると、実がならなくなったり、病気になったりすることが多いのでやめておこう。

トマトに水を多く与えると実が割れるのでは？　ある程度の知識を持っている人はこう思うかもしれないが、裂果の原因は雨が降らない日が続いたあと、急にたくさんの水を与えることにある。

水は晴れた日の朝、たっぷり与えるようにしよう。曇りの日は少なめで、夕方の水やりはNGだ。土の中が湿り続けると、病気や根腐りを引き起こしてしまう。あくまでも適度な水やりが肝心だ。

**水は朝たっぷり。プロの真似をすれば失敗する！**

サボテン

# 水はときどき、ちょっとしか与えない

サボテンは砂漠などの乾燥地帯に生育する植物。水の与え過ぎが良くないのは、誰でも知っている。では、土が乾いたら少しだけあげるのがいいのか、たっぷり与えるほうが正解か。

水やりの仕方で正しいのは後者。いかにサボテンが乾燥に強いとはいっても、水やりをちょっとしかしないと、負担が大きくてやがて枯れてしまう。冬以外の温かい季節には、土が乾いたら、鉢の底からあふれるまでたっぷり与えよう。時間も重要で、夏は根が蒸れないように、気温が下がる夕方以降に与えるのがいい。

冬は基本的に水をほとんど与えなくてもかまわないが、土がカラカラに乾いている場合、月に1回くらい、気温が5度以上ある日の昼間に少し与えてもいいだろう。

**水が鉢底からあふれるまで、たっぷり与える**

エアコン

# 暑い夏本番が来てから使う

猛暑の季節、エアコンはフル稼働する。その一方、まだ暑くない時期にはまったく用がない。当然、一度もスイッチをオンにしないまま夏を迎える。こういった習慣のある人は、次のシーズン前にはぜひ改めることをおすすめする。

暑い夏を迎えたので、エアコンを久しぶりにオン。しかし、ウンともスンともいわない。あるいは、風が妙に生温かく、なかなか涼しくならない……。こういったことは十分あり得る。

エアコンは丈夫で故障しない、といったイメージを持っている人がいるかもしれない。しかし、まったく使わないで数か月過ごし、いきなりフル稼働をさせると、思わぬトラブルが発生する可能性がある。室温が高い状態で一気に冷やそうとすることから、大きな負荷がかかってしまうのだ。

じつはエアコンのメーカーには毎年夏のはじめ、トラブル発生などに関する問い合わせが殺到する。このため、実際に故障で点検や修理が必要となる場合でも、長い順番待ちになり、当分の間、エアコンを使えない状況に陥るかもしれない。猛暑のなか、そういった事態になれば熱中症にもなりかねない。

エアコンはシーズン前に一度、正常に動くかどうかチェックすることが大切だ。どのメーカーも、ホームページなどでこうした試運転を呼びかけている。

運転モードを「冷房」にし、18℃ほどの最低温度に設定。これで10分ほど稼働させてみよう。その間、冷風がちゃんと流れてくるか、異常を示すランプがついていないか、イヤな匂いはないのかなどをチェックする。メーカーによっては、さらに30分ほど運転を続け、水漏れがないか確認することをすすめるところもある。

何かトラブルがあった場合は、取扱説明書やホームページを見て対処しよう。修理が必要になった場合でも、シーズン前なので業者の対応が早い。こうして事前に状態を確かめておけば、猛暑の夏本番を迎えても安心だ。

**必ずシーズン前に試運転してチェックを！**

レターパック

# 封筒として使うのが決まり

郵便局のサービス「レターパック」を知っているだろうか。専用のA4サイズの封筒を使うもので、「レターパックプラス」（重量4kg以内・全国一律520円）と「レターパックライト」（厚さ3cm以内・全国一律370円）があり、主に書類や雑誌といった薄いものの郵送に使われている。

注目したいのは「レターパックプラス」で、何と専用封筒に入るものなら厚さ制限がない。日本郵便のレターパックを紹介するホームページにも、「※A4サイズ・重量4kg以内であれば、3cmの厚さを超えてもご利用いただけます」とある。

通常は封筒の形状のままで使われているが、中にパンパンに荷物を詰め込んでも、4kgを超えなければOKなのだ。ほとんど見た目が小包の状態になっても、ちゃんと郵送することができる。

料金が全国一律なので、同じ郵便局の定番サービス「ゆうパック」と比べると、郵送する地域によっては半額以下になるケースもある。送りたい荷物が封筒内に収められる大きさで、規定の重量制限をクリアできるのなら、「レターパックプラス」の裏ワザ的な使い方を試さない手はない。
ただ、厚みがあると当然ポストに入らないので、窓口で手続きを行う必要がある。この裏ワザが利用できるのは「レターパックプラス」のみ。「レターパックライト」には厚さ制限があるので注意しよう。

**既定の重量以下なら、小包状にしてもOK！**

料金はどちらも 同じ
プラス 520
ずっしり…
……
……
はい
"レターパックプラス"ですね

電池

# 水銀が含まれているから簡単には捨てない

乾電池には水銀が使われているので、取り扱いは要注意。簡単には捨ててはいけない。いまもこう信じている人がいるかもしれないが、もう随分以前に乾電池は進化して安全性が高まっている。

1990年以前、乾電池には水銀がわずかに含まれていた。マイナス極で使われる亜鉛の腐食を抑え、性能を高めるためだ。しかし、1991年に水銀を使わないマンガン乾電池、1992年にアルカリ乾電池が開発された。以来、乾電池に水銀は使われていないので、神経質になる必要はない。

ただ、いまもボタン電池だけには微量の水銀が使われている。使い終えたら、地域の行政の指示に従うか、販売店の回収ボックスを利用するようにしよう。

**乾電池は水銀ゼロ。ただ、ボタン電池は微量を含む**

電車

# 優先席ではスマホは電源オフに

携帯電話やスマートフォンから発する電波は、ペースメーカーなどに干渉して悪影響を及ぼす恐れがあるので、電車の優先席の近くでは電源をオフにする。以前からいわれてきたこの重要なマナー、いまもしっかり守っている人がいるのではないか。

優先席付近の電源オフは、2003年に首都圏ではじまり、以来、全国に広まっていった。しかし、首都圏のある私鉄が2013年、「混雑時」だけの限定マナーに変更し、14年には関西、15年には関東や東北などにも広がった。これは携帯電話やスマートフォンが発する電波が弱くなり、ペースメーカーなども改善されて誤作動を起こしにくくなったためだ。優先席近くでもあわててオフにする必要はないが、いつ混雑するかわからないので、やはり早めに切っておくのが無難かもしれない。

**電源をオフにするのは「混雑時」だけでOK**

マイナンバー

# 「通知カード」は廃止になったので使えない

新型コロナウイルスの特別定額給付金申請に関して話題になったマイナンバーカード。そのコロナ禍のさなかである2020年5月25日、マイナンバーの「通知カード」が廃止になった。これでもう通知カードは証明書類として使えなくなった、と思っている人は多そうだ。しかし、ただのゴミになったわけではないので、捨てないようにしよう。

マイナンバー制度がスタートしたのは2016年1月。これに先立って、住民にマイナンバー（個人番号）を知らせるための通知カードが郵送された。これを受け取って、はじめて自分のマイナンバーを知ることができたわけだ。もちろん、この通知カードはマイナンバーカードの代わりにはならない。マイナンバーカードを受け取るには、改めて窓口に申請する必要がある。

通知カードとマイナンバーカードはまったく違う。通知カードは紙製だが、マイナンバーカードは顔写真つきのプラスチック製。電子証明書が搭載されたＩＣチップもついており、オンラインでも利用することができる。

こうした便利なマイナンバーカードだが、申請は長らく伸び悩んできた。手続きが面倒なのに加えて、一般的な身分証明なら運転免許証などで簡単にできるので、必要性を感じない人が多かったからだろう。

これに対して、通知カード自体は意外に使える場が多く、個人事業主の新規取引先や銀行などに対して、マイナンバーを証明するツールとして利用できる。先だって廃止になったわけだが、じつは証明書類として使えなくなったわけではない。引き続き利用してもＯＫなのだ。

ただし、ひとつ覚えておきたいのは、通知カード自体がすでになくなった仕組みなので、住所や氏名などの変更があった場合、変更や再発行ができないことだ。この場合、証明書類として使えなくなるので注意しよう。

## 住所氏名に変更がなければ証明書類に

壁にとまった蚊

# 叩くと壁が汚れるので飛ぶまで待つ

プ～ンとイヤな音を立てて飛ぶ蚊。退治してやろうと、手をかざしながら動きを追っていると、奴は白い壁に止まった。しまった……つぶすと壁が汚れてしまう。こう考えて、叩くのを断念した。

こうした経験がある人は多そうだが、これからはためらうことなく叩くようにしよう。ただし、手のひらで壁を打ちつけてはいけない。その叩き方では、すでに蚊が血を吸っていた場合、壁に赤い染みができてしまう。

壁にとまった蚊を叩くときは、手をやや丸めてくぼみを作るのがコツ。こうして叩くと、蚊は強い空気圧に襲われ、その衝撃で気絶する。落ちた蚊はつまんで、ティッシュペーパーなどに包んでゴミ箱に。意外に早く覚醒するので、すぐに始末しよう。

**手のひらを丸めて叩くと、蚊は気絶する！**

# 家事でよくある
# 大間違いな常識

炊事、洗濯、掃除、収納。
日ごろ、ごく普通に行っている
こうした家事の仕方。
自己流が「常識」だと
カン違いしているだけでは？

換気扇

# お湯を沸かすときだけ回す

キッチンのコンロの上などに必ずついている換気扇。お湯を沸かすときは蒸気が出て、部屋の湿度が上がりそうなので必ず回す。しかし、格別匂いのきつくない料理を作る場合は回さないこともある。こういった人はいないだろうか。

ガスコンロを使っている場合、換気扇を回すべきなのはお湯を沸かすときだけではない。火を使うときは必ず換気をしなければならない。換気が不十分な状態でガスを使い続けると、最悪の場合、一酸化炭素中毒で死にいたる危険がある。

シンクの周辺に小型湯沸かし器がある場合も同じ。たとえ安全装置が備えられていても、使用時には換気扇を回すようにしよう。換気扇が汚れていると、換気が十分行われない可能性があるので、定期的な清掃を心がけることも大切だ。

**換気なしでガスを使うと一酸化炭素中毒の恐れあり!**

換気扇

# 調理をはじめたら回し、終わったら切る

ガスコンロやＩＨクッキングヒーターで調理するときは、換気扇を必ず回すのが基本。けれども、調理スタート時に回しはじめ、終わったらすぐ消すようでは換気の効果が半減してしまう。

換気扇を回すのは、調理をはじめる5分前からにしよう。実際に調理を行うまでの間に、換気扇へと向かう空気の流れができるので、加熱する際に出る匂いや煙を室外に追い出しやすくなるのだ。

そして換気扇を切るのは、調理が終わって5分後がいい。調理終了と同時に換気扇をストップさせると、室内にまだ残っている匂いや煙の逃げ道がなくなってしまう。この前後5分をプラスすることにより、キッチンの空気がずっと快適になるはずだ。

**開始前5分と終了後5分の換気が大事！**

漂白剤

# 色落ちするので、白い衣類にしか使えない

漂白剤は衣類の黄ばみなどを落として、真っ白にするためのもの。色柄物に使うと大変なことになると考えて、白い衣類にだけ使っている人は少なくなさそうだ。しかし、じつは色柄物がＮＧでない漂白剤もあるので覚えておこう。

漂白剤には大きく分けて、塩素系と酸素系がある。塩素系漂白剤は除菌・殺菌力、漂白力が非常に強いのが特徴だ。白い部分を真っ白にするだけでなく、色素を破壊してしまうので、白い衣類以外に使ってはいけない。

一方、酸素系漂白剤は漂白力がやや弱い。色柄物に使えるのはこちらのタイプで、染色された部分にほぼ悪影響を与えず、黄ばみなどの汚れを落とすことができる。除菌・殺菌力もあるので、部屋干しなどで出やすい生乾き臭をなくすのにも効果的だ。

酸素系漂白剤は使い勝手がいいので、もっと積極的に使いたい。それでも、間違った使用の仕方をすると衣類をダメにしてしまうので注意が必要だ。

色柄物に使えるとはいっても、金属染料が使われている場合、色が抜けることがある。念のため、目立たない部分につけて5分ほど置き、変色などがないか確認。見た目で変化がなくても、白い布を当てて色がつくようなら使ってはいけない。

生乾き臭をなくしたい場合は、冷たい水に溶かしてもほとんど効果がない。風呂の残り湯程度でもダメで、40℃以上のお湯を使わないと使ってもムダになる。ほかにもいくつかの注意点があるので、パッケージにある説明を必ず読んで従うようにしよう。

## 酸素系漂白剤ならOKだが、注意点あり!

ぞろ…
ぞろ
漂白先生!
次はこの
色柄物たちを!

どんどん
ワタシに
まかせなさい!
酸素系漂白剤

洗剤

# いまどき粉末洗剤は使わない

洗濯で使う洗剤には、大きく分けて粉末洗剤と液体洗剤がある。いまどき粉末洗剤なんて使わない、という人がいるかもしれないが、家族構成によっては汚れが落ち切れなくて困ることがありそうだ。

洗剤を選ぶ際、汚れの落ちやすさなどの性能ではなく、ネームバリューやＣＭの好感度などを決め手にする人が少なくないようだが、ちょっと安易ではないか。粉末洗剤と液体洗剤にはそれぞれ特徴があるので、基本的なことを理解し、家族構成に合わせて洗剤を選ぶようにしよう。

近年、粉末洗剤は陳列棚の片隅に置かれていることも多いが、この機会に見直してはどうだろう。皮脂や汗といった多くの汚れは酸性。粉末洗剤は弱アルカリ性なので、汚れを落とす力が強いという特性があるのだ。

液体洗剤より価格が安いのもメリット。家族が多くて洗濯する回数が多い、あるいは衣類を汚しやすい子どもやスポーツをしている中高生がいる場合は、汚れ落ちが良くてコストパフォーマンスのいい粉末洗剤がおすすめだ。汗をよくかく夏場も、粉末洗剤のほうが汚れがよく落ち、匂いがなくなるのでいいだろう。

これに対して、液体洗剤は水に溶けやすく、きれいに仕上がりやすい。ときに粉末洗剤は水に溶けないで残ることがあるが、液体洗剤を使うとそういったトラブルはない。水に溶けやすいということは、すすぎが簡単にできるという便利さにもつながる。すすぎ1回の時短の洗濯にも対応でき、使い勝手はとてもいい。

最近の液体洗剤は優秀なので、日常的な汚れなら十分落とすことができる。とはいっても、液体洗剤の多くは中性なので、汚れを落とす力が粉末洗剤よりもやや劣るのは確かだ。この点は理解しておこう。

おしゃれ着用の洗剤は液体洗剤の一種だが、汚れを落とす効果はより低い。その分、色落ちも抑えて優しい仕上がりになる。

**汚しやすい家族がいる場合など、粉末洗剤に軍配!**

ジーンズ

# 型崩れするからめったに洗わない

履きこんでこそジーンズ。型崩れや色落ちするので、ほとんど洗わない。こういったデニム好きが周囲にいるなら教えてあげよう。その習慣はジーンズのためにならず、長持ちしないよと。

ジーンズも履いたら汚れる。汚れたら洗うのが当たり前だ。ジーンズはもともと作業着なので、ほかの衣類に比べると頑丈な作りにはなっている。とはいえ、洗わないで履き続けていると、だんだん繊維が伸びていき、型崩れを起こしてしまう。洗うと汚れが落ちるだけではなく、繊維が縮んでもとの状態に戻りやすくなるので、少々汚れても洗わないという習慣はおすすめできない。

ただし、ジーンズを洗う場合、ほかの衣類と一緒に洗濯機にポンと入れ、おまかせの自動で回すのは良くない。洗っている間にやや色落ちし、ほかの衣類に色移りする恐れがあるので、ジーンズだけで洗うようにしよう。

必ず裏返しにしてから洗うことも大切だ。ジーンズの生地は表側に色がついているので、そのままで洗うと激しく色落ちすることがある。裏返してから洗うと、表側の生地にかかる摩擦力が小さくなって色を保ちやすい。

使う洗剤は少なめにしたほうがいい。繰り返し履いたものを久しぶりに洗う場合、脱臭効果を考えて漂白剤を加えたくなるかもしれないが、履く気が起こらなくなるくらい色落ちする恐れがあるので、もちろんやってはいけない。洗う時間は5～10分程度にとどめるほうがいいだろう。洗濯機に時短モードがついていれば利用しよう。長時間洗うと、色がより多く落ちるだけではなく、生地も傷みやすくなる。

洗い終わったら、干す前にひと手間をかけよう。縮んでいるので、縦と横方向に軽く引っ張り、形を整えてもとのシルエットに戻すのだ。そのうえで、乾きやすいように筒状にしてハンガーに吊るし、陰干しをして乾かそう。室内干しは乾きにくいのでおすすめしない。

## 履いたら洗うほうが型崩れしない！

メラミンスポンジ

# 毒性があるから要注意

軽くこするだけで、さまざまなものが劇的にキレイになるメラミンスポンジ。掃除には欠かせない存在になっているが、気になるのは安全性。人体に良くないと聞いたことがあるから使いたくない、という人がいるかもしれない。

じつは、メラミンスポンジの材料であるメラミンとホルムアルデヒドは、触ると軽い皮膚障害を起こす可能性のある物質だ。では、やはり危ないのでは……と思うかもしれないが、これらの化合物であるメラミンスポンジはまったくの別物で、毒性はないと考えられている。掃除用のアイテムとして使うことに問題はない。

ただし、メラミンスポンジは人体用ではなく、あくまでも掃除用に開発されたもの。素手で扱ってもＯＫなのだが、使ったあとはしっかり手を洗うことが大切だ。皮膚が弱くて荒れやすい人は、よりしっかり洗い流すようにしよう。

メラミンスポンジは一見軟らかそうだが、一種の研磨剤なので使い方には注意が必要だ。とはいえ、強く握って汚れがひどいところをごしごしこすっても、指の皮膚が削れてケガをするようなことはほぼない。

しかし、汚れたところをこするたびに、消しゴムを使ったときのような細かいカスが出てくる。これらは口に入れないように注意しよう。コーヒーカップや湯呑みなどにこびりついた汚れを落としたときは、流水で念入りに洗い流し、こうしたカスが口に入らないようにしなければならない。

こうした注意点を守れば、メラミンスポンジを使ったからといって、健康に悪影響が現れることはない。安心して使うようにしよう。

気をつけたいのは人体への影響よりも、掃除するものに対するダメージだ。コーティング加工された洗面台や浴槽、高級感ある鏡面加工のインテリアグッズ、曇り止め加工されている鏡などをこすると、研磨作用によって表面が傷ついてしまう。メラミンスポンジに適しているもの、ＮＧなものを調べてから使うようにしよう。

## 安全性は高いが、使用後は手洗いを

ハンガー

## クリーニングでもらう針金ハンガーを使う

クリーニング店を利用すると、無料でもらえるのが針金ハンガー。頑丈さには難があるけれども、衣類をかけておくだけだからこれでも大丈夫と、クローゼットに何本も吊るしてはいないだろうか。

捨てるのはもったいないし、使わないと損。こう思って針金ハンガーを使っているのだろうが、衣類の収納では利用しないほうがいい。あまりにも造りが弱いので、ぐにゃっと曲がって、隣のハンガーなどによく絡んでしまう。また、薄いシャツを吊るす場合はまだましだが、重量のあるジャケットをかけておくと、重みで変形して型崩れの原因になる。細いのも難点で、ニットなどを吊るすと細い線の跡がつく。

収納で使ってもメリットはない。洗濯物を干すときなどに利用するのがいいだろう。

**細くて弱く、衣類の収納には全然適していない！**

# 運動で失敗する
# 大間違いな常識

やせているので運動の必要なし。
ひざが痛いからスクワットはNG。
骨密度が低いので運動は控える。
こうした考えは大間違いで、
ますます体が弱ってしまう！

スクワット

# ひざが痛くなるからやらない

近年、筋トレに励む中高年が増えてきた。たくましい大胸筋やシックスパックを目指すのもいいが、最も鍛えるべきところは文句なしに足腰だ。下半身には全身の筋肉の約70％が集中しており、筋トレによってさらに大きくすることにより、基礎代謝の向上が期待できる。

足腰を鍛えるためのエクササイズといえば、ひざを曲げてしゃがんだり立ったりするスクワット。非常に高い効果があるが、ひざが痛くなるからやらない……という人がいるようだ。こうした場合、ひざが老化で弱っているのではなく、スクワットのフォームが間違っている可能性があるので見直してみよう。

最もよく見られる間違いは、しゃがむときにひざがつま先よりも前に出てしまうことだ。広く知られているこの誤ったスクワットを繰り返すと、ひざの関節に大きな負荷がかかって傷めやすくなる。

加えて、見逃されがちなNGポイントはつま先の角度。ひざよりもつま先が外側に開いていると、ひざの内側に大きな負荷がかかってしまう。その逆につま先が内側を向き過ぎている場合も修正が必要で、ひざの外側を傷めやすくなる。

以上のポイントをチェックしながらスクワットをしてみよう。フォームが改善されると、痛みがなくなるかもしれない。それでもやはり痛いという人は、一度、整形外科を受診して原因を調べたほうがいいだろう。

## 正しいフォームなら痛くならない

★しゃがむ時にヒザがつま先より前に出ないようにする
★ヒザとつま先がまっすぐになるようにする

ラジオ体操

# たいした運動にはならない

あの慣れ親しんだ曲に乗せて、誰でも体を動かせるラジオ体操。とはいえ運動としては簡単過ぎて、小さな子どもや高齢者以外は積極的にやる必要はない、と思ってはいないだろうか。ラジオ体操を軽く見る人は多いが、大きな誤りだ。ストレッチや筋トレ、有酸素運動が効果的に組み合わされ、約400種類以上ある筋肉をまんべんなく使う全身運動なのだ。

決められた動きを本気でしっかり行うと、普段運動をしない人なら相当な汗をかき、翌日は筋肉痛になるかもしれない。運動強度でいえば、やや速足のウォーキングに相当するほどなのだ。特別な道具はいらず、体が覚えているのですぐに取り組める。とても身近な運動であるラジオ体操を見直してみてはどうだろう。

**運動強度はやや速足のウォーキングに相当!**

骨密度が低い

# 骨折が怖いから運動は控える

女性は40代以降、骨の代謝を調節する女性ホルモンが減少することによって、骨密度が下がっていく。こうした年齢になると、転んで骨折でもしたら大変だと、運動を避ける人もいるようだ。しかし、その心がけは逆効果で、骨はさらに弱くなっていく。骨密度が低いからこそ、運動が大切なのだ。

運動や日光浴を習慣に取り入れ、食事も改善すると、半年で骨密度が6％以上も向上したという研究がある。運動におけるポイントは骨に刺激を与えることで、大股による早足ウォーキングがおすすめだ。かかとが着地するたびに骨に衝撃が加わり、強い負荷に耐えられるようにと骨の合成がはじまる。外を歩くと日光を浴び、骨の定着に欠かせないビタミンDも合成されるので、骨を強くする運動としてぴったりだ。

**骨に衝撃を与える運動で、骨密度はアップする！**

やせている

# 太っていないので運動はしなくていい

メタボなら運動で体重を減らさなくてはならないが、やせているのでとくに運動はしなくていい。こう考えていると、想像以上に早く死んでしまう可能性がある。

6年間にわたってBMI値（肥満や低体重を判定する数値）と体力の変化を計測した研究では、体重の増減に関係なく、体力が低下すると明確に死亡率が高くなることがわかった。また、日ごろの活動量と死亡率の関連を調べた研究を見ると、活動量が最も多いグループでは男性の死亡率は0・73倍、女性は0・61倍に低下した。

これらの相関関係は単純で、運動をすると長生きし、運動をしないと死ぬのが早いというわけだ。やせていれば安心ということは決してない。体重を減らす必要がなくても、健康のために運動を心がけるようにしよう。

**やせていても体力が低下すると早く死ぬ！**

家事

# いくらやっても運動にはならない

忙しくて運動をする時間がなく、1日のなかで体を動かすのは家事程度。これでは体重が増えそうだし、体力も落ちてしまう……。こういった人は多いかもしれないが、じつはたくさんの家事をこなすと意外に運動になる。

運動強度を示す「メッツ」という単位で見ると、ごく普通の時速4kmでの歩行はメッツが3・0。これに対して、掃除機がけは3・3、モップがけや床磨き、風呂掃除、荷作り、庭の草むしりは3・5と、もっと運動強度が高い。

午前中は掃除機がけと床磨き、午後は風呂掃除、夕方は庭の草むしりといった具合にこなせば、それなりの運動になる。ただ、やはり十分ではないので、ウォーキングなどの習慣づけは必要だ。

**掃除機がけや風呂掃除は、歩行よりも運動強度が高い！**

親が
運動オンチ

# 子どもが運動ができなくても仕方ない

親がスポーツ嫌いで運動オンチだった場合、子どもは運動ができなくても仕方がない。こうあきらめて、ちょっと残念に思っている人はいないだろうか。

有名なアスリートの親もまた一流の競技者だった、などというニュースを見ると、いわゆる運動神経はやはり遺伝するものだと思いがちだ。確かに、ある研究では握力や立ち幅跳び、前屈では遺伝的な影響があるのではないかとされた。だが、その一方で腹筋や50m走、反復横跳びでは明確な相関関係はなかったという。運動のできる・できないは、必ずしも遺伝するわけではないのだ。

親が運動オンチでも、子どもがかけっこで一番になれる可能性はある。いろいろなスポーツに親しませて、体を動かすのが好きな子どもになってもらおう。

**足の速さや敏捷性などは遺伝しない！**

# 非常時にリスクの高い大間違いな常識

地震や水害、火事といった
非常時に求められるのは
正しい情報にもとづく行動。
自分の知識が誤っていないか、
しっかり確かめておこう。

火事

# 煙が充満してきたら這って逃げる

火事にあって煙が充満してきたら、立った姿勢で逃げてはいけない。煙は上向きに流れるので、低い姿勢を取って這うようにして逃げるのが正解だ。ハンカチやタオルなどがあれば、煙を吸わないように口や鼻に当てると一層安全を確保できる。

煙から身を守る緊急避難の方法として、こういった逃げ方がいいと聞いたことがあるのではないか。しかし、真に受けて、いざというときに実行してはいけない。意識を失って倒れ、そのまま炎に包まれる可能性がある。

火事で最も怖いのは、酸素不足のなかで炭素を含む物質が燃焼して発生する一酸化炭素だ。酸素を運ぶ血液中のヘモグロビンに、酸素の200倍もの強さでくっつく性質があり、あっという間に低酸素状態になって意識を失い、最悪の場合は数分で死にいたってしまう。

熱せられた一酸化炭素は煙とともに上昇するので、姿勢を低くするということ自体は理にかなっている。しかし、這うようにして逃げると、ほどなく一酸化炭素を吸い込んでしまうだろう。危険な場所から脱出するのに時間がかかってしまうからだ。

一酸化炭素を吸わないために、ハンカチやタオルを口や鼻に当てるのでは?と思う人がいるかもしれないが、間違った対処の仕方だ。ハンカチやタオルは煙を吸い込むのをある程度防ぐことはできるが、一酸化炭素は素通りしてしまうのだ。

濡らせばより効果的といわれることもあるが、一酸化炭素の吸い込みを防ぐことはできない。それどころか濡らして口や鼻に当てると、呼吸しにくいので息苦しくなり、動きが鈍くなる可能性が高い。

まだ煙が部屋に完全には充満しておらず、脱出するルートが見える場合は、這って逃げるなどという悠長なことをしてはいけない。安全なところまで、息を止めて全力で駆け抜けるのが最良の逃げ方だ。煙が上に昇っていく速度は秒速3～5mもあるが、横方向に進むスピードはそれほど速くない。焦らずに走れば十分逃げ切れるはずだ。

## 一酸化炭素を吸ったら終わり! 全力で走って逃げる

雪道

# 人がよく通る踏み固められたところを歩く

雪道に慣れていないと、雪が積もった道では足を滑らせて転びやすい。より安全に通行するには、人に踏み固められたところを歩いたほうがいいのか、それとも人があまり歩いていない柔らかな雪の上が安全なのか。

踏み固められたほうを歩く人は、大勢の人が選んだルートだから安心して歩けると思うのだろう。しかし、その逆に雪が固くなっているところは非常に滑りやすい。表面が凍っていればなおさらで、なるべく避けるようにしよう。

これに対して、雪がまだ踏み固められていないところは、表面が固くなっていないので滑りにくい。雪国育ちでない人は、こうしたより安全なルートを選んで歩くようにしよう。

**踏み跡がない柔らかい雪のほうが滑りにくい**

停電

# 冷蔵庫から食品をクーラーボックスに移す

雷や大雨、台風などの影響で停電した場合、とくに困るのが冷蔵庫で、冷却機能がストップして庫内の温度が上がっていく。食品が傷んだら大変だと、すぐにクーラーボックスに入れ替えて、氷や保冷剤を一緒に入れて冷やす。こうした対処が正解だと思う人がいるかもしれないが、かえって食品が傷む可能性が高くなる。

停電したからといって、庫内の温度がすぐに上昇することはない。家電メーカーによると、2〜3時間は冷えが保てるとのことだ。扉を開けさえしなければ、実際にはもっと長時間保冷できるというユーザーの声もある。

ただのクーラーボックスよりも、冷蔵庫のほうがずっと優秀な冷却箱。数時間での復旧が見込める場合は、そのままにしておくのが得策だ。

**停電後も数時間は冷えを保つのでそのままに**

車が水没

# 水が完全に引いてからエンジンをかける

台風や集中豪雨に襲われて車が浸水し、壊れないかとハラハラ……。水が完全に引いたら、エンジンがかかるかどうか、早速キーを回して確かめる。気持ちはよくわかるが、絶対にやめておこう。

道路が冠水しても、車はある程度の深さまで耐えられる設計になっている。しかし、それも水深30㎝ほどまでで、もっと深く水没したら、エンジンに何らかの異常が生じる可能性が高くなる。

とくに問題なのは、水没してシリンダー内にまで水が侵入した場合だ。エンジンをかけた途端に、ピストンの動きを回転軸に伝えるコンロッドという部分が曲がったり折れたりし、エンジンを全壊させてしまうかもしれない。この恐ろしい現象を「ウォーターハンマー」という。

浸水した場所が海に近く、海水が混じった水に浸かったり、高潮で水没したりした場合は、さらに危険な事態を招く。海水は淡水とは違って電気を通すため、電気系統がショートして発火し、車両火災を起こす危険があるのだ。エンジンをオフにしていても、バッテリーから流れる電流で発生する場合もある。こうした発火は、バッテリーのマイナス側のターミナルを外すと防止できるので必ず行っておこう。

とにかく車が浸水したら、自分で何とかしようと思ってはいけない。販売店や専門業者に連絡して、対処の仕方を相談することからはじめよう。

**水が引いてもNG！ エンジンが壊れるかも！**

トンネル内で地震

# 危険なので走り続けて抜け出す

トンネル内を車で走行中、大きな揺れを感じたらどうすればいいのか。通常の道路で地震に遭遇した場合は、ゆっくり速度を落として左側の路肩に停車するのが正解だ。一方、トンネル内では壁面がはがれて崩落する恐れがあるので、止まらずに走り抜けなければいけない。こう考える人は多いだろう。出口が大きく見えている短いトンネル内なら、この対処の仕方で正しい。

しかし運悪く、高速道路の長いトンネルに入ったばかりで地震にあった場合、走り続けるほうが危ない。トンネル内の400mごとに設置されている非常口が見えたら、左側に寄せて停車し、車を降りて非常口から脱出しよう。激しく揺れた際には、ほかの車が思わぬ動きをする可能性があるので注意が必要だ。

**長いトンネルなら非常口から徒歩で脱出！**

乾パン

# 家族に高齢者や幼児がいるので備蓄しない

災害用の備蓄品として、定番中の定番なのが乾パン。保存性が非常に高く、調理する必要がないというメリットがある一方、固くてパサパサしていて食べにくいというデメリットもある。

噛む力の弱い高齢者は食べづらく、小さな子どもは嫌がりそうなので、備蓄されないケースもあるだろう。しかし、そういった家族がいる場合でも、非常食としてぜひ備えておくようにしよう。

じつは、乾パンは水や牛乳に浸すと、10分くらいで軟らかくなる。離乳食のような状態になって、高齢者や幼児でも無理なく食べることができるのだ。容器の缶を器にし、ふやかして食べるといいだろう。

## 水や牛乳でふやかすと誰でも食べられる

カップ麺

# 湯を沸かせないと食べられない

災害に備えて、多くの家で数食分を備蓄していそうなのが、湯を入れるだけで食べられるカップ麺。非常に便利な食品だが、電気とガスが止まったら、卓上コンロを持っていなければお湯を沸かせない……。こういった状況に陥っても、指をくわえて見ていることはない。お湯の代わりに水を入れてできあがりを待とう。

さすがに3分や5分では麺がふやけない。最低でも30分は待つようにしよう。待つ時間は水温に左右され、30分で食べて固い場合は、味見をしながら時間を延ばしていけばいい。味わいは冷やし中華のようで、ややあっさりした感じだ。

同じように、カップ焼きそばも水でOK。カップ麺よりも早くふやけ、20〜30分浸せば食べられるようになる。

## 水でふやかしても十分食べられる

対向車のヘッドライト

# まぶしいが、どうすることもできない

夜に車の運転をしているとき、前から走ってきた車のヘッドライトがまぶしくて、一瞬、目がくらんで視界が真っ白になった。こういう危険な目にあったことはないだろうか。運転中なので、まぶしくても目をつぶるわけにはいかない。できることは、対向車がハイビームだった場合、パッシングで警告する程度。腹の立つ状況だが、じつは対処の仕方はある。

まぶしいヘッドライトが迫ってきたとき、片目だけをつぶるのだ。そして対向車が通り過ぎたら目を開ける。こうするだけで、目のくらみ方が随分やわらぐのだ。これは自衛隊が教えている危機管理のひとつ。次にこういったシーンに遭遇したら、ぜひ試してみよう。

**片目だけをつぶれば、目があまりくらまない**

公衆電話

# スマホがあるので使うことはない

携帯電話やスマートフォンが普及するとともに、公衆電話の存在価値はどんどん小さくなり、いまでは利用することがほとんどないだろう。しかし、だからといって、その使い方を知らなくてもかまわない、というわけではない。

大地震などの大規模な災害時には、携帯電話は通信制限がかかってつながりにくくなる。停電が続いてバッテリーが切れる事態も出てくるだろう。こうした状況下で頼りになるのが、通信制限を受けず、停電時でも利用できる公衆電話なのだ。

ところが、10代以下の年代のなかには、公衆電話の使い方を知らない者が少なくない。いまのうちに、災害時には重要な連絡手段になることを子どもに伝え、使い方をしっかり教えておくようにしよう。

**大きな災害時、使い方を知らないと困ることに！**

# 保存の際にやりがちな
# 大間違いな常識

サツマイモは冷蔵NGで、
ジャガイモも常温で保存。
揚げ油は酸化するので
使い回ししないのが当たり前。
こうした「常識」を疑ってみよう。

揚げ油

# 酸化するので使い回しは最小限に

油は光や加熱によって酸化しやすい食品。とくに揚げ物で使った残り油は、過酸化脂質という体に悪い油に変化しているので、使い回すのは最小限にすべき。色や匂いが悪いだけではなく、動脈硬化の原因になってしまう。こういった健康情報を信じて、揚げ油の使い回しはせいぜい1～2回にしている人も多いだろう。

しかし、じつは家庭で揚げ物を少々作る程度では油はほとんど酸化しない。たとえ酸化して過酸化脂質にいったん変化しても、100℃以上の高温で熱すると分解される。揚げ物は通常160℃～180℃まで熱して作るので、健康に与える悪影響はまずない。心配することなく、揚げ物を作った残り油は捨てないで、揚げ物や炒め物などに再利用しよう。

酸化した油が体内に入ることはまずない

卵

# 賞味期限が切れたら食べられない

卵はパックに示された賞味期限を過ぎたら食べられない、と思ってはいないだろうか。じつは、卵の賞味期限は生食限定のものだ。加熱して食べる場合は、この期限が過ぎてもしばらくの間はまったく問題ない。

ちなみにイギリスでの研究に基づく数値上の賞味期限は、夏場が産卵後16日以内、春と秋が25日以内、冬場が57日以内となっている。実際にはパック詰め後2週間程度を賞味期限として流通しているようだ。ということは、パックに示された期限を過ぎても、数日から数10日は生食してもOKということになる。とはいえ、これはあくまでも計算上の数値。日本卵業協会や農林水産省では、賞味期限が過ぎたら加熱調理をすすめている。

**賞味期限は生食限定。加熱すれば問題ない**

ジャガイモ

# 常温の場所で保存する

ジャガイモは常温で問題なく保存できる。わざわざ冷蔵庫に入れて、スペースを取ることはない。ほとんどの人はこう思っているだろうが、ジャガイモの味をもっとアップさせたいなら、冷蔵庫のチルド室で保存するに限る。

0℃に近い低温の環境にジャガイモを置くと、凍らないようにでんぷんが糖に変化し、ぐっと甘くておいしくなるのだ。ただし、注意したいことがひとつある。こうしたジャガイモを120℃以上で調理すると、アクリルアミドという発ガン性物質が生まれてしまう。高温調理が必要なフライドポテトや炒め物には使わないようにしよう。一方、低温調理ではアクリルアミドはほとんど生じないので、ゆでたり、煮たり、蒸したりする料理を作るのがおすすめだ。

**チルド室で保存すれば糖度がぐっとアップ！**

## サツマイモ

# 冷蔵庫で保存したら傷む

サツマイモの原産地は、メキシコを中心とする熱帯のアメリカ大陸。このため寒さに弱く、イモを保存するのに冷蔵庫は禁物というのが常識だ。サツマイモを5℃以下まで温度が下がるところに置くと、低温障害を起こす。冷蔵庫保存がNGというのは基本的には正しいのだ。

しかし、あまり知られていないようだが、暑い夏場だけは常温の場所に保存しないほうがいい。じつは、サツマイモは20℃を超える高めの気温にさらされ続けると、畑に植えつけられる時期がきたとカン違いして、芽を出してしまうのだ。

こうした性質から、夏の気温が上がる季節になったら、サツマイモは野菜室で保存するほうがいい。新聞紙で1本1本包んで、冷気が直接当たらないようにしよう。

**20℃以上で芽が出るので、夏は野菜室で保存を**

野菜

# 日光の当たる場所で保存してはいけない

野菜を常温で保存する場合、日光の当たらない場所に置くのが鉄則。日光が差し込むところで保存すると、水分を早く失ってしなびてしまう。誰もが知っている保存の基本だが、なかには例外があることを知っているだろうか。

あえて日光に当てたい野菜のひとつはタマネギ。買い求めたら、外側を覆う薄茶色の皮をむき、ザルにでも入れて日の当たる場所に置いておこう。約1週間で、皮に多く含まれているケルセチンという有効成分が約4倍に増える。

ケルセチンはポリフェノールの一種。抗酸化作用や肥満防止効果、認知機能の改善などに効果があると注目されている。日光に当てて量をぐっと増やしてから調理しよう。ケルセチンは熱に強いので、炒めたり揚げたりしてもOKだ。

完熟前のまだ青みの残るトマトをたくさんもらったり、特売で買ったりしたときも、日光に当ててみるといい。窓の近くなどにヘタを下にして置いておくと、しだいに追熟して赤くなっていく。熟し過ぎるとまずくなるので、様子を毎日チェック。上側の半分ほどがまだ青い場合は、4～5日程度で完熟することが多い。

シイタケも食べる前にぜひ日光に当てるようにしたい。天日干しにした干しシイタケにはビタミンDが多いことが知られているが、生のシイタケを干しても同じ作用が期待できるからだ。日光に数時間当てるだけでも、ビタミンDが急増するのでぜひ試してみよう。

## タマネギ、トマト、シイタケは日光に当てよう

日光に当たっても
No Problem!
タマネギ
トマト
しいたけ
なるほど!

## 肉や魚のパック

# 開封しないで、そのまま冷蔵庫へ

スーパーの生鮮食品売り場では、肉や魚がラップを張ったパックに入れられて並んでいる。買い求めて家に持ち帰ったら、何もしないでそのまま冷蔵庫に入れる人がほとんどだろうが、保存性を考えたら正しくない習慣だ。

じつはラップには数種類あって、それぞれ特徴が異なっており、使うのに適した食品も違う。肉や魚のパックに使われているる業務用のラップは、ポリ塩化ビニルという素材で作られたものだ。

ポリ塩化ビニルは伸縮性と耐久性に優れているのが特徴。引っ張っても破けにくいので、自動包装機で素早くパックを包むためのラップとして最適だ。ぴたっと貼りつくようにパックを包みこみ、傾けても中からドリップなどが漏れない。

ポリ塩化ビニルには酸素を通しやすいという特徴もある。このため、買ったパックをそのまま冷蔵庫に入れておくのは良くない。肉や魚が酸素に触れて酸化し、劣化を早めてしまう可能性があるからだ。加えて、ほかの食品からの匂い移りもしやすい。

品質をキープするにはひと手間かけて、買ったパックの上に、別のタイプのラップを張っておくのがおすすめだ。適しているのは、ポリ塩化ビニリデンという材質で作られたラップ。家庭用ラップの多くはこのタイプのものだ。ポリ塩化ビニリデンは気密性が高いのが特徴で、酸素や匂い、湿気などを通しにくく、肉や魚の酸化や匂い移りを防ぐことができる。

ポリ塩化ビニリデン製のラップは、匂いの強いキムチやチーズといった発酵食品を包むために使うのもいいだろう。その一方、肉や魚とは違って、鮮度を保つのに酸素や湿気を必要とする野菜には適していない。ラップで包まれた野菜を買った場合は、そのまま冷蔵庫に入れるようにしよう。

ラップにはほかに、値段が最も安いポリエチレン製のものも普及している。このタイプは酸素を通しやすいので、肉や魚のパックの張り替えには向かない。

## 業務用のラップは空気を通すので酸化する

キノコ

# 冷凍保存はできない

キノコは鮮度が落ちるのが早くて長持ちしない。かといって冷凍はできないからと、使い切れずに傷んでしまい、仕方なく捨てたことのある人は多いのではないか。しかし、これからキノコが残ってしまったとき、あるいは特売などで多めに購入した際などは、安心して冷凍で保存するようにしよう。

キノコを冷凍すると、ふにゃふにゃになって食べられないと思うかもしれないが、問題なく使える。しかも冷凍すると、キノコならではのグアニル酸やアスパラギン酸などのうま味成分が3～4倍も増えるといううれしい特典があるのだ。

じつは生のキノコにうま味成分は含まれておらず、細胞中のリボ核酸（RNA）が酵素の作用を受けてはじめて作られる。生の状態だと、リボ核酸と酵素は細胞壁で仕切られた別々のところにいるため、出合うことがない。だが、煮たり焼いたりして加熱する、あるいはしっかり乾燥させて干しシイタケにすると、細胞壁が壊れてリボ核酸は酵素と出合い、分解されてうま味成分に変化する。

これと同じ現象が、キノコを冷凍した時に起きるのだ。冷凍すると細胞内の水分が凍って体積が増え、細胞壁が押されて破壊されるので、リボ核酸が酵素の影響を受けるようになる。賞味期限がはるかに伸びて、うま味成分も増えるとなると、キノコを冷凍しない手はないだろう。

シイタケを冷凍する場合、前もって軸を切り落としておけば、次に料理する際に使いやすくなる。シメジは石づきを切り落とし、小房に分けておこう。エノキも根元部分を切り落とし、ほぐしてから保存する。マイタケは前もって、手で食べやすく裂いておくといい。いずれもジッパーつき保存袋に入れて冷凍しよう。ナメコはパック入りならそのままで冷凍可能だ。

保存期間はナメコのみ2～3週間で、あとのキノコは1か月ほど保存できる。使うときは解凍しないで凍ったまま調理しよう。


**冷凍OKで、しかもうま味成分が増える！**

## リンゴ

# 冷凍はスカスカになるのでしない

リンゴをたくさんもらって食べ切れない場合、ジャムにするほかに冷凍する手もある。シャキシャキした食感が身上なので、冷凍は向かないのでは?と思うかもしれないが、意外な新しい味わいに驚くのではないか。

リンゴを皮つきでよく洗い、8等分ほどのくし切りにして、ジッパーつき保存袋に入れて冷凍庫へ。そのままだと薄茶色に色づくので、変色を抑えるため、レモン汁を少しふりかけておこう。

冷凍したリンゴを半解凍で食べると、ややもっちりしたシャーベットのような味わい。完全に解凍した場合、冷たい焼きリンゴのような個性的なデザートに、さらに加熱すれば食感がとろとろの焼きリンゴ風になる。

**新食感のシャーベットや冷たい焼きリンゴに変身**

オリーブ油

# 白い粒々が沈殿してきたので使えない

使いかけのオリーブ油が白く濁ってきて、底のほうには白い粒々がある……。オリーブ油がこうした状態になっても、傷んでしまったのだと早合点してはいけない。簡単にもとに戻り、問題なく使うことができる。

オリーブ油にできる白い粒々は、オレイン酸という不飽和脂肪酸が固まったもの。オレイン酸は約10℃以下になると、濁ったり固まったりしやすいのだ。バターが加熱されると溶け、常温では固体になるのと同じで傷んでいるわけではない。

瓶を日光の当たらない温かい場所に移動するか、ぬるま湯につけて10℃以上の環境にしばらくおくと、固まった白い粒々が消えてもとの状態に戻るので、捨てないようにしよう。

**オレイン酸が低温で固まっただけ**

ブドウ

# 食べ切れなかったら、房のまま冷蔵庫へ

ブドウの房が大きくて1回で食べ切れない場合、そのまま冷蔵庫の野菜室で保存するのが普通の方法だ。しかし、鮮度をより長くキープしたいのなら、ひと手間かけておいたほうがいい。

じつはブドウを房のままでおいておくと、実の水分が枝に取られて、しだいにみずみずしさを失っていく。そこで、実をひとつひとつ房から切り離して保存しよう。指で実をつまみ、乱暴に引きちぎってはいけない。枝にくっついていた部分の皮がはがれ、そこから水分が抜けて傷みやすくなる。枝を2〜3㎜残すようにハサミで切り取るのがコツだ。切り離したら、プラスチック容器などにキッチンペーパーを敷き、実が転がって傷つかないようにきっちり並べて野菜室に入れておこう。

**実を切り離さないと、水分を失ってまずくなる**

# マナーで恥をかく
# 大間違いな常識

食事のマナーは難しい。
意外な行動が無作法だったり、
NGと思い込んでいた振る舞いが
じつはそうでもなかったり。
この機会に「常識」のリセットを。

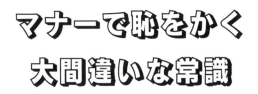

ご飯

# フォークの背にのせて食べてはいけない

洋食で料理とご飯が同時に出されたとき、さてどうしようかと迷ってしまったことはないだろうか。ご飯を左手に持ったフォークですくって食べるのか、フォークの背にのせるのか、それとも右利きなら右手にフォークを持ち替えていいのか……。

洋食で出されたご飯の食べ方には諸説ある。以前はナイフを使ってご飯をフォークの背にのせて食べる人が多かった。こうした食べ方はイギリス式だといわれているが、じつはイギリスのテーブルマナーにフォークを使ったご飯の正式な食べ方があるわけではない。

フォークの背に乗せる食べ方のルーツは、イギリスでの豆の食べ方とされている。イギリスでは豆はナイフでつぶして、フォークの背にのせて食べる。この食べ方を明治時代の日本人がご飯に応用し、一般に広まったというのが定説だ。

一方、フランス式のマナーではフォークの背に食べ物はのせないことから、ご飯もすくって食べるのが正しいのでは、とのちに考えられた。こちらの食べ方のほうが簡単なので、すくって食べる人が増えてきたようだ。

いずれにせよ、ヨーロッパには主食としてご飯を食べるときの正式なマナーは存在しない。どういった食べ方が正しいのかといえば、結局、自分が食べやすいほうでいいということになる。それよりもご飯の食べ方で厳禁なのは、盛られた皿をお茶碗のように持つことだ。洋食では下品過ぎるマナーなので、決してやってはいけない。

## 明確なルールはないので、好きな食べ方を

フランス式
フォークですくう
イギリス式
フォークにのせる
ごはんを持ちあげるのが一番ダメ!
まぁ自分の好きな食べ方で!

スープ

# 手前から奥に向けてすくうのがマナー

洋食にはテーブルマナーがたくさんあり、間違うと恥をかくことがある。スープを飲むときはどうすればいいだろう。

スプーンを手前から入れて、奥に向けて動かしてすくうのが正式なマナー。こう思っている人が多いかもしれないが、この飲み方が正しく、逆向きに動かすのがマナー知らずというわけではない。手前から奥にすくうのはイギリス式のマナーで、奥から手前にすくうのはフランス式なのだ。日本ではイギリス式が主流というだけのことで、自分が飲みやすいほうにしてかまわない。

やってはいけないのはすくい方よりも、フーフー息を吹きかけたり、いうまでもないが音を立てたりして飲むこと。ひどいマナー違反なので厳禁だ。

**それはイギリス式。逆向きのフランス式でもOK**

スープ

# スープのカップは手に持ってはいけない

味噌汁やすまし汁を食べるときは、椀を手で持って口をつけるのが当たり前の食べ方。しかし、洋食ではスープの皿は決して手で持ち上げてはいけない。

これは基本的なマナーだが、例外もある。カジュアルなレストランや洋食店で、両方に取っ手のついたブイヨンカップにスープが入って出てきたときだ。この場合、スプーンで飲みにくければ、取っ手を両手で持って口まで運んで飲んでもかまわないとされている。

ただし、フォーマルなレストランで食事をしている場合、やはりスプーンを使って飲むのがスマートに見える。その場の雰囲気や同席者など、シチュエーションによって振る舞い方を考えるのがいいだろう。

**取っ手があれば、口元まで運んでもいい**

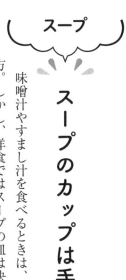

ソース

# パンにソースをつけて食べてはいけない

フレンチやイタリアンの店で食事をしたとき、料理のソースがとてもおいしくて、皿に残すのがもったいない。そこで、パンで皿をぬぐってスープをつけて食べる。この振る舞いはマナー違反だろうか。

格式の高いレストランでは、こうした行為はやめておいたほうが良さそうだ。決して上品な食べ方ではないので、周りの客から白い目で見られる可能性がある。気軽な雰囲気のビストロや洋食店ならさほど問題はないが、だからといって、皿が真っ白になるまでソースをぬぐうのはやめよう。

似た行為ではあるがNGなのは、残ったスープにパンをつけて食べること。これは明らかに下品なマナー違反なのでやってはいけない。

**カジュアルな店ならOK。スープはNG!**

ショートパスタ

# フォークで巻けないから刺して食べる

ロングパスタはフォークにくるくる巻いて食べる。一方、短くてフォークに巻けないショートパスタはどうすればいいのか。フォークは突き刺して使うものだから、ショートパスタも刺して食べるというのはどうだろう。しかし、この行為は赤面もの。なんて無作法な人だと思われてしまうので、これからはやめておこう。

ショートパスタはフォークで突き刺さず、すくって腹の部分にのせて食べるのが正しいマナーだ。滑りやすい場合は、パンをちぎって皿の上に当て、フォークでパスタを寄せていこう。パンが壁になってパスタが固定され、フォークにのりやすくなる。

肉や野菜などの詰め物が入ったラビオリも、フォークですくって食べるのがマナー。突き刺すと具が飛び出てきて皿が汚くなってしまう。

**フォークの腹ですくって食べるのがマナー**

茶椀蒸し

# 器に口をつけて食べてはいけない

茶椀蒸しの食べ方の作法は？と聞かれた場合、添えられたスプーンで食べるだけでは……と思うのではないか。ごく普通に食べる場合は、好きなように食べ進めても何ら問題はない。一方、格式の高い場で、本格的な会席料理の一品として出された場合、昔からの作法を守って食べると一目置かれるかもしれない。

じつは会席料理のなかでは、茶椀蒸しは汁物として扱われる。上品に振る舞いたいのなら、スプーンではなく箸を使うようにしよう。まず、箸を椀のふちに差し入れて、さっと一周させて椀から中身をはがすようにする。それから、箸を使って具を食べ、中身は椀に直接口を当てて汁物のように飲むのだ。これを交互に繰り返す。正式な食べ方をする機会があるかもしれないので、作法を覚えておこう。

**会席料理としては「汁物」。椀に口をつけて飲む**

シジミの味噌汁

# 貝の身は食べないで残すのがマナー

シジミの味噌汁を食べるとき、身を食べないで残す人は少なくない。身が小さいから取るのが面倒くさいという理由のほか、だしで使っただけだから食べないのが当たり前と思っている人もいるのではないか。

栄養面から考えると、シジミには肝臓の働きを助けるオルニチンが含まれていることもあり、残さずに食べるのがおすすめだ。とはいえ、マナーの面では食べても食べなくてもかまわない。シジミの味噌汁の具に関する作法はとくにないからだ。

ただし、シジミの身を食べる場合、空いた殻を椀のフタの内側にまとめる人がいる。これはとても行儀が悪いのでやってはいけない。身をはずしたら、殻は椀に戻すようにしよう。

## 食べた場合は殻は椀に戻すのがマナー

すしの醤油皿

# 醤油の小皿は手に持ってはいけない

握りずしはネタの風味を活かすため、先端に少しだけ醤油をつけて食べるのが大人の作法。では、醤油の入った小皿はどう扱えばいいのか。この作法については、意外に知らない人が多いものだ。

じつは、醤油の小皿は手に持つのが正しい。小皿をテーブルに置いておくと、すしを口まで運んでいく間、つけた醤油が垂れないようにと、どうしても前かがみになってしまう。小皿を持つと醤油が垂れても受けられ、背筋が伸びて姿勢も良くなる。まさに一石二鳥の作法なのだ。

小皿を持ち上げず、いわゆる〝手皿〟でいいのでは、と思う人がいるかもしれない。しかし、ひどくみっともなく無作法なので、絶対にやってはいけない。

**手に持つと醤油が垂れず、姿勢も良くなる!**

中国料理の円卓

# 反時計回りに回すのはルール違反

中国料理店の回転する円卓で会食する場合、押さえておくべきマナーはいくつかある。最も基本的なルールは円卓の回し方で、必ず時計回り（右回り）でなければならない。この決まりを守って、食べたい料理がほんの少し左側にあっても、ぐるりと時計回りに1周させる。この作法は正しいだろうか。

円卓は時計回りというのは、あくまでも基本的なルール。もうちょっとで手が届く左側の料理を皿に取りたいなら、わざわざ大回りさせなくてもいい。軽く反時計回りさせて目の前に持ってこよう。

円卓にはほかに、食べ終えた取り皿や飲み物の瓶やグラスを置かない、全員が取り終えてから食べる、ほかの人の分まで取り分けない、といったルールもある。

**ほんの少しなら反時計回りに回してもOK**

エスカレーター

# 上司の後ろ側に乗るのがマナー

ビジネスシーンで重要なのが自分の立ち位置。これを誤ると、上司の機嫌を損ねることもあるので注意しなければいけない

間違えやすいのが、エスカレーターに乗るときの立ち位置だ。歩くときには上司が前で、自分が後ろにつくのが正解なので、昇りも下りも同じようにする。こう考えて実行すると、下りの際に怒りの視線を向けられるかもしれない。

エスカレーターで重要なのは、「前後」ではなく「上下」。昇りは上司が高い位置の前に立ち、自分がその後ろの低い位置でしたがう。下りはその逆で、自分が先に乗って低い位置をキープするのが基本的なマナーなのだ。乗る前に「お先に失礼します」とひと声かければ、より好印象を与えるだろう。

**昇りでは自分が後ろ、下りでは前に**

美術館

# 順路をはずれて回ってはいけない

美術館や博物館では通常、効率良く回るための順路が示されている。ほとんどの人はこれを守り、人気の特別展などでは客は行列になって進んでいく。しかし多くの場合、順路はこう回るのがおすすめですよ、というミュージアム側からのお知らせのようなもの。絶対に守らなくてはいけない、というわけではない。

行列になってなかなか進まない場合など、じつは順番を飛ばして、人があまりいない作品を先に観てもマナー違反にはならない。あるいは、とりあえず順路通りに観て回ったあと、気に入った作品の前に戻り、改めてじっくり鑑賞するのもいいだろう。ただし、「割り込んできた」と不愉快になる人がいるかもしれないので、並んでいる人の前に急に入らないといった常識的な配慮は必要だ。

**周りに配慮すれば、観たいものから回ってもOK**

## 早引きインデックス

## 主な参考文献


○『運動基準・運動指針の改定に関する検討会 報告書』（平成25年3月／厚生労働省）
○『授乳・離乳の支援ガイド』（『授乳・離乳の支援ガイド』改定に関する研究会）
○『だれも教えなかった料理のコツ』（有元葉子／筑摩書房）
○『ＮＨＫガッテン！コレステロール本当の健康新常識』（主婦と生活社）
○『ＮＨＫためしてガッテン 食育！ビックリ大図典』（北折一／東山出版）
○『ＮＨＫ趣味の園芸 やさいの時間』２０１８年６・７月号（ＮＨＫ出版）
○『ＮＨＫきょうの料理ビギナーズ』２０１５年11月号（ＮＨＫ出版）
○『効く健康法 効かない健康法』（岡田正彦／ディスカヴァー・トゥエンティワン）
○『子どもが喜ぶ手づくり野菜料理』（吉田企世子・森野眞由美／素朴社）
○『主婦が知らないとヤバイ 料理の基本とコツ』（武蔵裕子・監修／秀和システム）
○『その調理、９割の栄養捨ててます！』（監修・東京慈恵会医科大学附属病院栄養部／世界文化社）
○『ソレダメ！得するマル家事大百科』（テレビ東京『ソレダメ！』編／ＫＡＤＯＫＡＷＡ）
○『クロワッサン』２０１９年10月25日号〈大人のマナー新常識。〉（マガジンハウス）
○『なんでこれが交通違反なの!?』（今井亮一／草思社）


## 主な参考ホームページ


・国土交通省…浸水・冠水被害を受けた車両のユーザーの方へ
・文部科学省…食品成分データベース
・農林水産省…食品中のアクリルアミドに関する情報
・総務省…マイナンバー制度とマイナンバーカード
・スポーツ庁Ｗｅｂ広報マガジン…「痩せていれば病気にならない」は誤解！
・岩手県…いわて純情野菜レシピ集
・宮崎県高原町…ふるさと納税
・宇部市スポーツ推進委員協議会…正しいラジオ体操のススメ
・警視庁警備部災害対策課…ツイッター

・自衛官募集チャンネル…車がすれ違う時のヘッドライトで目がくらむのを防ぐ方法
・郵便局…レターパック
・女子栄養大学…卵は食べ過ぎても大丈夫？
・明治薬科大学セルフメディケーション学研究室…骨密度が上がることはない？
・公益財団法人 長寿科学振興財団 健康長寿ネット…運動不足は死亡率に影響するか
・公益財団法人 母子衛生研究会…アレルギー
・独立行政法人 農畜産業振興機構…野菜の機能性研究〜たまねぎのケルセチンによる認知機能改善の可能性〜
・日本チョコレート・ココア協会…チョコレート・ココア健康講座
・日本卵業協会…タマゴQ&A
・日本食品包装協会…食品包装とは？
・沖縄県薬剤師会…薬の飲みあわせ
・京浜保健衛生協会…大人のためのラジオ体操
・日本うま味調味料協会…うま味調味料ってなんだろう？／原料・製法について
・米穀機構 米ねっと…テーマ「ごはん食を楽しく、おいしく食べてダイエット！」
・東京都クリーニング生活衛生同業組合…漂白剤を誤解していませんか？消臭効果もあり！
・オーラルヘルスオンライン…かむカム歯のQ&A
・NHK健康ch…近視が失明を招く⁉「日光」を利用した意外な予防方法とは？
・NHK ガッテン！…プリン体じゃなかった！尿酸値を下げる秘策SP
・TBS…「暗いところで本を読む＝視力低下」は間違い！目にまつわる驚きの新常識
・FNNプライムオンライン…〝光る物体〟は実はブドウ…「2粒を電子レンジで加熱」はなぜ危険？専門家に実験してもらった／マイナンバー「通知カード」が5月25日で廃止に…何か不便なことになるの？総務省に聞いた
・MBS…おごってもらった時の正しいひと言は「おいくらでしたか？」
・ニッポン放送…すね毛を剃ったら濃くなるって本当？医師が回答
・NIKKEI STYLE ヘルスUP健康づくり…貧乏ゆすり、実は健康にプラス／いつもスマホが招く脳疲労 物忘れが増えたら要注意／子どもの近視に予防の可能性 外遊び2時間で発症減／熱帯夜こそパジャマで快眠／電車内の携帯マナー、なぜ「電源オフ」を緩和
・日経ビジネス…起床後の血圧が高い

・ヨミドクター…1歳を過ぎたら夜間の授乳はやめたほうがいいの？…虫歯リスクと母乳のメリット
・PRESIDENT Online…〝粗食・断食〟は寿命を縮める悪習慣である／東大理Ⅲ式・医者が実践する「頭がよくなる食事術」AtoZ／「食事でがんは予防できるのか」医師が示した最終結論
・DIAMOND ONLINE…不快な貧乏ゆすりに意外な効果、実は「良いクセ」だった⁉／「二度寝」は絶対にしたほうがいい
・週刊現代…間違いだらけの家庭の医学
・現代ビジネス…ウナギと梅干、本当は一緒に食べてもいい！「食べ合わせ」の科学
・NEWSポストセブン…歯ブラシ「硬め」に歯周病リスク 医師は「やわらかめ」推奨／炒飯の作り方 結局ご飯は温かい？冷たい？卵はいくつ入れる？
・月刊SPA！…帽子と日焼け ハゲるのはどっち？
・Tarzan…#Tarzanお悩み相談室
・CanCam.jp…部屋の中にいても焼けるってガチ？皮膚科医が教える「紫外線トラブル」から守る方法4つ
・ananNEWS…毎日混ぜないとNG？ 発酵の力〝ぬか漬け〟にまつわる疑問7つ
・Oggi.jp…【医師は語る】足のむくみの原因は、水分の取りすぎではなく水分の○○だった
・糖尿病ネットワーク…油で揚げた食品に含まれる「アクリルアミド」がんリスクが高いと報告
・東洋ガス…ガスコンロのご使用に関するお願い
・北陸ガス…快適ガスライフの基礎知識
・ダイキン…上手な換気の仕方～住宅編～／よくあるご質問：加湿器
・シャープ…夏本番に備えて、エアコンのおためし運転をおこないませんか？
・ソニー…電池まめ知識
・味の素…味の素の原材料は何？製法は？安全なの？
・キユーピー…キユーピーポテトサラダ教室
・カゴメ…あつまれ博士の畑／野菜を選ぶ・保存する
・ニチレイ ほほえみごはん…卵の冷凍／きのこの冷凍保存／りんごの保存／ぶどうの保存完全ガイド
・日清オイリオ…オリーブオイル共通に関するQ&A
・モランボン…よくあるご質問
・チューリッヒ…クルマが冠水・浸水したらエンジンはかかる？

・ライオン ママ、あのね。…母乳やミルクもむし歯（虫歯）の原因に⁉正しい理解と対策を
・キリン DRINX…寒い日こそ美味しい、ホットビールのすすめ
・パナソニック…よくあるご質問 ニッケル水素電池&充電器／冷蔵庫・ワインセラー
・GrandBerry…美味しいイチゴの見分け方
・伊豆シャボテン動物公園…サボテンの育て方
・農家のレシピ…イチゴ農家が教える 美味しいイチゴ 甘いイチゴの見分け方 選ぶ方法のコツ
・マイナビウーマン…育児の悩み
・ウェザーニュース…手荒れしないお湯の温度を知っていますか？／滑りやすい場所とは⁉雪道で滑らないコツ
・くるまのニュース…「顔写真が気に入らない…」実は免許証写真いつでも変更可！アプリ写メNGも背景色付OK
・tenki.jp…おつまみに、ごはんに「冷凍たまご」⁉生卵を殻のまま凍らせるなんて
・WEB CARTOP…梅雨時はチャンス到来⁉あえての「雨の日の洗車」がオススメな理由とは
・ON THE ROAD…高速道路で、トンネルで、橋の上で…。ドライブ中に大地震に遭遇したらどうすべきか？
・All About…頭皮ケア・ヘッドマッサージの基本／味覚の良し悪しを簡単に調べる方法／蚊を気絶させて退治！叩く代わりに風圧でやっつける⁉／運動神経は遺伝で決まる？努力で運動能力は上がるのか
・MONEY PLUS…マイナンバー「通知カード」は使えなくなる？マイナンバーカードを持ってない場合に生じる不都合なこと
・白ごはん.com…アスパラガスのゆで方／下ごしらえ
・大人んサー…「予防接種したら入浴禁止」は本当？ お医者さんに聞いてみた／チャーハンは「冷たいご飯」「温かいご飯」、どちらで作るとおいしい？
・nanapi…これが正しい！EDWINが教えるジーンズの洗濯方法
・Rettyグルメニュース…むむ先生の〝食〟超解説シリーズ
・オリーブオイルをひと回し…食・料理
・grape…固形石鹸でもちゃんと菌は落ちるの？ 医師の解説に納得の声
・もぐうぇる…トマトの追熟方法は？青いトマトがリコピンたっぷり甘〜いトマトに変身！
・いこーよ…【育児の新常識】赤ちゃんの日光浴は必要ない⁉／【育児の新常識】注射当日もお風呂に入ってOK？
・友利新…ウイルス対策はハンドソープじゃなくても丈夫です！

青春新書 PLAYBOOKS

人生を自由自在に活動《プレイ》する

# 人生の活動源として

いま要求される新しい気運は、最も現実的な生々しい時代に吐息する大衆の活力と活動源である。

文明はすべてを合理化し、自主的精神はますます衰退に瀕し、自由は奪われようとしている今日、プレイブックスに課せられた役割と必要は広く新鮮な願いとなろう。

いわゆる知識人にもとめる書物は数多く窺うまでもない。

本刊行は、在来の観念類型を打破し、謂わば現代生活の機能に即する潤滑油として、逞しい生命を吹込もうとするものである。

われわれの現状は、埃りと騒音に紛れ、雑踏に苛まれ、あくせく追われる仕事に、日々の不安は健全な精神生活を妨げる圧迫感となり、まさに現実はストレス症状を呈している。

プレイブックスは、それらすべてのうっ積を吹きとばし、自由闊達な活動力を培養し、勇気と自信を生みだす最も楽しいシリーズたらんことを、われわれは鋭意貫かんとするものである。

―創始者のことば―　小澤和一

編者紹介

ホームライフ取材班

「暮らしをもっと楽しく！ もっと便利に！」をモットーに、日々取材を重ねているエキスパート集団。取材の対象は、料理、そうじ、片づけ、防犯など多岐にわたる。その取材力、情報網の広さには定評があり、インターネットではわからない、独自に集めたテクニックや話題を発信し続けている。

日本人《にほんじん》の9割《わり》が信《しん》じてる
大間違《おおまちが》いな常識《じょうしき》

青春新書 PLAYBOOKS

2020年9月20日　第1刷

編　者　ホームライフ取材班《しゅざいはん》

発行者　小澤源太郎

責任編集　株式会社プライム涌光

電話　編集部　03(3203)2850

発行所　東京都新宿区若松町12番1号 〒162-0056　株式会社青春出版社

電話　営業部　03(3207)1916　振替番号　00190-7-98602

印刷・図書印刷　製本・フォーネット社

ISBN978-4-413-21171-0